主编：夏春锦 周音莹

讲张文字

张爱玲的生平与创作

止庵 著

華文出版社
SINO-CULTURE PRESS

图书在版编目（CIP）数据

讲张文字 ：张爱玲的生平与创作 / 止庵著. -- 北京 ：华文出版社，2021.6
ISBN 978-7-5075-5454-0

Ⅰ. ①讲… Ⅱ. ①止… Ⅲ. ①张爱玲（1920–1995）–人物研究–文集 Ⅳ. ①K825.6-53

中国版本图书馆CIP数据核字(2021)第055473号

讲张文字 ：张爱玲的生平与创作

作　　者：止　庵
责任编辑：胡慧华
出版发行：华文出版社
地　　址：北京市西城区广安门外大街 305 号 8 区 2 号楼
邮政编码：100055
网　　址：http：//www.hwcbs.com.cn
电　　话：总 编 室 010–58336239　发 行 部 010–58336212 58336238
　　　　　责任编辑 010–58336197
经　　销：新华书店
印　　刷：三河市龙大印装有限公司
开　　本：880mm×1230mm　1/32
印　　张：7.75
字　　数：154 千
版　　次：2021 年 6 月第 1 版
印　　次：2021 年 6 月第 1 次印刷
标准书号：ISBN 978-7-5075-5454-0
定　　价：59.00 元

目录

序

我读张爱玲的作品始于上世纪八十年代，一直打算专门写本传或评传之类的书，为此做过不少准备，今年春天起又循写作顺序重读她的小说，笔记虽已得几万字，但离完成仍遥遥无期；近来拟就其生活与创作史上若干尚且存疑却很少有人深入探讨的问题略作考证，迄今还在写作之中。现在拿得出手的只是这戋戋小册，系择取历来所写有关她的文章中稍具一己见解者，长短共计十六篇，这回趁便做了些补充修改。取名“讲张文字”，是对成语“讲文张字”的故意篡改。唐孙樵《与高锡望书》云：“夫史家条序人物，宜存警训，不当徒以官大宠浓，讲文张字。”后来即以此形容那路讲求工丽、张大其词的文字。我写的东西卑之无甚高论，但希望没有沾染这种毛病。

张爱玲研究已经蔚为大观，大致分为以文与以人为标的的两类，说来均不无可议之处。不妨各举一例。其一，傅雷《论张爱玲的小说》一文（载一九四四年五月《万象》第三年第十一期）谈及《花凋》有云：“明知挣扎无益，便不挣扎了。执着也是徒然，便舍弃了。这是道地的东方精神。明哲与解脱；可同时是卑怯，懦弱，懒惰，虚无。反映到艺术品上，便是没有波澜的寂寂的死气，不一定有美丽而苍凉的手势来点缀。川嫦没有和病魔奋斗，没有丝毫意志的努力。除了向世界遗憾地投射一眼之外，她连抓住世界的念头都没有。不经战斗的投降。自己的父母与爱人对她没有深切的留恋。读者更容易忘记她。而她还是许多短篇中刻划得最深的人物！”若是认真读过那篇小说的话，难免不生出疑问来：川嫦从患病起，哪里“便不挣扎了”呢。她对章云藩由希望而失望，她试图自杀未遂，她搂住母亲哭诉“我怎么会……会变得这么难看了呢”，死前三星期试穿母亲为她买的皮鞋时说“这种皮看上去倒很牢，总可以穿两三年呢”，不都是“和病魔奋斗”“意志的努力”乃至“抓住世界的念头”吗，怎么就成了“不经战斗的投降”。一个患了不治之症的女孩子，除此之外还能让她如何

“挣扎”。友人谢其章说，傅雷这文章里批评张爱玲不好的地方，多半都是他自己没有看明白的。张爱玲当然可以批评，但遇上这样一位虚悬了“正确”和“应该”，继而就指责与自己设想的路数不一致的作家如何不正确与不应该的批评家，不能不说是一种不幸罢。有关《花凋》不妨多说两句，川嫦病后的境遇很像卡夫卡《变形记》中变成甲虫的萨姆沙——身边的人不是没有出力甚至尽力帮助她，可她就是孤立无援，只能独蹈死地。“变形”的实质正如这里所描述的，就是丧失了自身与世界之间的一切关系。尽管并无材料证明张爱玲此前曾接触过卡夫卡的作品。

王小波《小说的艺术》一文有云：“在很多年前，曾有过一个历史的瞬间：年轻的张爱玲初露头角，显示出写小说的才能。傅雷先生发现了这一点，马上写文章说：小说的技巧值得注意。那个时候连张春桥都化名写小说，仅就艺术而言，可算是一团糟，张爱玲确是万绿丛中一点红——但若说有什么遗嘱被背叛了，可不是张爱玲的遗嘱，而是傅雷的遗嘱。天知道张爱玲后来写的那叫什么东西。她把自己的病态当做才能了……人有才能还不叫艺术家，知道珍视自己的才能才叫艺术家呢。”我喜欢王小波，但老实说他讲的无论于傅于张，都不能算知人之言。傅雷这种“遗嘱”，迹近拿别人家财产当自己的随意发付，还是背叛为宜，张爱玲当初正是这样做的，她后来的作品也有着更高超的技巧；至于“病态”云云，我不清楚王小波“张爱玲后来写的那叫什么东西”具体所指，倒是想起他对朋友说的一段话：“人们认为最羞耻、最该隐讳的东西，恰恰是最不值得羞耻、隐讳的东西。”（见邢小群《你很寂寞，所以你走了》）病态在某种意义上讲就是与众不同，很好地用之于文学，其实是一种才能，假如隐讳不用就可惜了，张爱玲如此，王小波同样如此。从张爱玲全部“后来写的东西”看，她很珍视自己这种才能，用得也非常好。

话说至此，我想起张爱玲的《红楼梦魇》。有如她自己所说：“我唯一的资格是实在熟读《红楼梦》，不同的本子不用留神看，稍微眼生点的字自会蹦出来。”又说：“只要是真喜欢什么，确实什么都不管……在已经‘去日苦多’的时候，十年的工夫就这么掼了下去，不能不说是豪举。”写这本书对张爱玲来说简直就是自得其乐。她根据脂砚斋等人的批语，还有《红楼梦》的各种版本，探讨了《红楼梦》隐秘的修改过程和完成——尽管实际上未完成——过程。作为一位真正懂得写作的小说家，对于另一位自己心仪的小说家的苦心孤诣深有体会，笔触所及，都是一般读者容易忽略的幽微之处。这是一本知己之书。后来模仿张爱玲风格写作的作家有不少，但好像还没见着哪一位肯像她这样下功夫仔细阅读前人的某一本书，包括张爱玲的作品在内。

其二，董桥《随笔——题林青霞新书》一文（收入林青霞著《窗里窗外》，天地图书有限公司二〇一一年七月出版）有云："上星期读洪深女儿洪钤写女作家赵清阁我心里难受得要命。她说一九五〇年二月上海召开第一届文代会，赵清阁受命在会上公开自我批判，她不肯谈政治只肯谈创作谈文艺思想，她满腔委屈在会上一边讲一边流泪，台下听众还以为她检查深刻，忏悔饮泣。会后，赵清阁默默走出会场，张爱玲从大门外迎上来跟她握手，甚么都没说，'一切尽在不言中'。不久，张爱玲迁来香港前约赵清阁到咖啡馆话别：'张爱玲可以离开，可赵清阁阿姨无处可去'，她留在上海承受生活、工作、经济、感情的压力，闭门谢客，闭门酗酒，闭门抱恙，直到替上海电影公司写剧本《女儿春》她才'出山'，一九九九年八十五岁去世。洪铃这篇文章叫《梧桐细雨清风去》，写尽赵清阁一生不愿意写的大悲大痛和大难。”当事人俱已亡故，未留下任何证据，后人这种空口说白话式的“回忆”，怎么能不加辨析地轻信呢。都说谣言止于智者，其实往往倒是智者止于谣言。进一步讲，就像我曾经提出的，即使当事人都还健在，其中之一的“回忆”也未必可靠。复查《香港文学》二〇〇九年十月号、十一月号所载洪铃文章，写到这一节时间多有错乱，前因后果也就说不清了，而经董桥转述更是错上加错：上海第一届文代会于一九五〇年七月二十四日至二十九日召开，并非二位所说的“二月”；洪铃说：“后来，张爱玲去香港前特地邀赵阿姨在咖啡馆见一面，告诉她自己要离开上海的事。”董桥给改成“不久”，而张爱玲是一九五二年七月才去香港的；洪铃说：“直到这年秋天，赵清阁阿姨为上海大同电影公司写剧本《女儿春》，她这才‘出山’。”赵清阁编剧、黄汉导演、大同电影企业公司出品的影片《女儿情》于一九五一年一月公映，此时张爱玲还在上海。二位所说赵清阁“留在上海承受生活、工作、经济、感情的压力，闭门谢客，闭门酗酒，闭门抱恙”，当发生于一九五〇年七月到同年秋天之间，而“张爱玲可以离开，可赵清阁阿姨无处可去”，乃是后来的事。至于所说张、赵之间的两次交际，亦不无可疑之点：以张爱玲的性格，似乎很难在公开场合对谁“迎上来握手”；她去香港走得提心吊胆，临行前不大可能约人“到咖啡馆话别”。我只担心以讹传讹，三人成虎，那时再想纠正则难上加难，譬如此前所谓“南玲北梅”的谎言，即是如此。

我讲这些，不过是提醒自己谨言慎行。回过头来看自家文章，尚有不周全的地方。譬如我讲“张爱玲文学的与众不同之处”，亦只是言其荦荦大者，具体说则不无遗漏，且补充一点：张爱玲对于日常生活的了解、熟悉，在整个新文学史上少有作家可与相比，包括后来那些花了很大力气“深入生活”的作家。她写小说始终注意捕捉看似普通的生活细节，充分加以思想与审美意义上的开掘，描绘又非常细致准确，并且使之成为人物关系发展变化的要素。在《半生缘》前半部中，一系列生活细节在这方面甚至替代了通常情节所起的作用。常见论家以“世俗化”来形容张爱玲的小说，假如这话成立，也首先体现在她所写的日常生活本身，其次是人物那种实实在在的人生态度。相对而言，她的早期作品描写细节更其繁盛，后期则转求精粹。

张爱玲笔下的比喻、联想向来为人所称道，其实也是有对生活的细致观察和敏锐感受做底子的。

前些时有机会通读张爱玲与宋淇夫妇的通信，其一九五五年十月二十五日所写第一通有云：“昨天到神户，我本来不想上岸的，后来想说不定将来又会需要写日本作背景的小说或戏，我又那样拘泥，没亲眼看见的，写到就心虚，还是去看看。以前我看过一本很好的小说《菊子夫人》，法国人写的，就是以神户为背景。一个人乱闯，我想迷了路可以叫的士，但是不知道怎么忽然能干起来，竟会坐了电车满城跑，逛了一下午只花了美金几角钱，还吃咖啡等等，真便宜到极点。这里也和东京一样，举国若狂玩着一种吃角子老虎，下班后的 office worker［办公室职员］把公事皮包挂在‘老虎’旁边，孜孜地玩着。每人守着一架机器，三四排人，个个脸色严肃紧张，就像四排打字员，滴滴搭搭工作不停。这种小赌场的女职员把脸涂得像 idol［明星偶像或人偶］一样，嘴却一动不动嚼着口香糖。公司里最新款的标价最贵的和服衣料，都是采用现代画的作风，常常是直接画上去的，寥寥几笔。有几种 cubist［立体派］式的弄得太生硬，没有传统的图案好，但是他们真 adaptable [赶时髦]。看了比任何展览会都有兴趣，我一钻进去就不想出来了。陋巷里家家门口的木板垃圾箱里，都堆满了扔掉的菊花，雅得吓死人。当地居民也像我以前印象中一样，个个都像‘古君子’似的，问路如果他们也不认识，骑脚踏车的会叫你等着，他自己骑着车兜个大圈子问了回来，再领着你去。”日本我倒是去过好些趟，多少具有张爱玲这份观察力与感受力就好了；要是写小说的话，她信中所提到的“拘泥”和“心虚”亦不失为必要的提醒。

二〇二〇年六月二十九日

张爱玲文学的与众不同之处

我们喜欢一位作家，归根结底还是因为喜欢这位作家的作品。即使人不在世了，但作品还活着，仍然为我们所阅读。可是为什么会喜欢这位作家的作品呢。我想这是因为它们与众不同，所以我们才不会舍此去读别的作家的作品，或者在读了别的作品之后，还要来读这些作品。具体说到张爱玲，也是这个道理，虽然读者甚至研究者往往未必意识到这一点。

那么我就接着宋以朗先生刚才的话——他已经提到张爱玲一些引人注目的地方，譬如大量常在人口的“金句”，还有一九五四年在香港兰心照相馆拍的那张神采飞扬的照片，等等——讲讲张爱玲文学的与众不同之处。

这个题目相当大，姑且限定在小说这一形式上，即便如此，所能说的无非只是概要而已。我想到了几点，它们未必同等重要，尤其是对今天的读者来说；但对于张爱玲可能一概都很重要。

先要说明一下，这里“与众不同”的“众”，指的是与张爱玲同时代的多数作家，她之前一两代，以及之后一直到现在还在写作的多数作家。张爱玲与他们的第一个不同之处，体现于作品的题材。在张爱玲开始写作的一九四〇年代，左翼文学的影响几乎遍及整个中国文坛。许多风行一时的作品，无拘篇幅长短，不是所谓重大题材，就是在社会变革、阶级冲突的大背景下发生的事件。譬如茅盾的《蚀》《虹》《子夜》《林家铺子》和《春蚕》，丁玲的《水》《田家冲》，还有后来的《太阳照在桑干河上》，以及萧红的《生死场》，都是如此。我因为对张爱玲感兴趣，读过与她同属沦陷区且同为女作家的作品，包括北方的梅娘、雷妍等，发现她们同样明显受到这种影响。到了一九五〇和一九六〇年代，作家们更是对重大题材趋之若鹜。然而张爱玲却在开始写作不久便说：“一般所说‘时代的纪念碑’那样的作品，我是写不出来的，也不打算尝试，因为现在似乎还没有这样集中的客观题材。我甚至只是写些男女间的小事情，我的作品里没有战争，也没有革命。”（《自己的文章》）她在写《秧歌》《赤地之恋》之前，有相当长的一段时间很少涉及那些大事件、大背景；她的《封锁》《倾城之恋》虽然发生在战争的大背景下，但作者更关注的是裹挟其中的那些个人的命运，彼此之间的关系。正因为如此，张爱玲一直为正统的批评家所贬损，譬如我曾读到的一篇文章就说，题材上的这种特点使她的小说类似于鸳鸯蝴蝶派。现在我们大概明白了，一部文学作品，重要的不是写什么，而是怎么写；不在乎题材大小，关键是针对题材的深入开掘以及相应的写法。

张爱玲文学的第二个与众不同之处，体现于作品中所塑造的人物。很多作家设计人物，都是从阶级意识出发，先赋予人物一个身份，即属于什么阶级，而后他的立场、行为，乃至性格，就是阶级件的体现。他或她首先是一个富人或穷人，或者更具体地说是工人、贫农、资本家或地主之类，然后才是他或她个人。最典型的例子是茅盾的《子夜》，吴荪甫代表民族资产阶级，赵伯韬代表官僚资产阶级，他们之间的矛盾冲突体现着阶级之间的矛盾冲突，这也是整部作品的主线。从一九二〇年代后期起，直到一九七〇年代末为止，小说中的人物大多都是这样被塑造的，也是这样被表现的。前面提到的梅娘、雷妍，并不为左翼文学所接纳，但她们也都这么写。这里有件有趣的事情：左翼文学兴起之际，曾攻击鲁迅此前创作的《阿Q正传》嘲笑中国农民；以后鲁迅转向左翼，《阿Q正传》又被说成左翼文学的代表作，阿Q也成了无产阶级的代表。周作人曾写过一篇《阿Q的旧账》，讥讽论家态度的前后不一。再来看张爱玲，无论《倾城之恋》里的白流苏，《金锁记》里的曹七巧，还是《留情》里的淳于敦凤，《色，戒》里的王佳芝，如细加考察当然各自有其所从属的阶级，但她们却与此毫无关系，她们都是单个的人，所作所为都以自己当下的境遇为出发点。

如前所述，以上两点都来自左翼文学的影响，但已经成为当时多数作家写作的规矩。张爱玲却没有按照这些规矩来写，或许她根本未曾意识到左翼文学这一背景的存在，或许她有意识地拒绝这一背景。我提出这两点来，对于在座的诸位大概近乎无稽之谈，因为现在很少还有作家那么塑造人物了，即使描写重大题材也不是原先那种写法了。也正为如此，很多当初赫赫有名的作品现在不大有人读了，也许在大学课堂上还能听老师讲到，但未必肯自己到书店或香港书展这种地方花钱去买了。然而在张爱玲的作品中，并不存在来自这两方面的局限性。所以以上两点，对于张爱玲之于我们可能没有什么意义，但对于张爱玲的同时代和前后一两代作家之于我们意义就非常重大。

张爱玲文学的第三个与众不同之处，是写作所使用的语言。五四新文学运动发生，有了现代意义上的白话文，作家都用这种白话文写作。但这并不真的是“我手写我口”，而是由新文学作家创造出来的一种文体。当时周氏兄弟等人翻译外国文学采用“直译”方法，尽量保留原文的句式，旨在供建立现代意义上的白话文作参考，此种意愿无可厚非，但作家们却直接模仿这种语言写作，写出一种非常别扭的文体。这尤其体现在茅盾、丁玲、巴金等人笔下，简直令今天的读者难以卒读。有意思的是，鲁迅自己写小说，语言倒是非常纯粹。不过在很多人的印象里，新文学之为新文学，除了前面提到的两点外，就体现为这种语言上的“新文学腔”。直到知青作家那一代，行文中这种痕迹仍很明显。张爱玲的语言则来自另外一路——从古代的《金瓶梅》《红楼梦》等白话小说，直到民国的鸳鸯蝴蝶派如张恨水的作品，这是中国原本就有的语言系统，已经是成熟、流畅、很具表现力的白话文，而她在此基础上又予以发展变化。新文学割断了自己与古代白话小说的联系，又将鸳鸯蝴蝶派排斥在外。现在回过头来看，张爱玲在这方面走的反而是条正路。虽然在她也有过一段探索的过程，譬如《连环套》，即如其自己所说："有时候未免刻意做作，所以有些过份了。"（《自己的文章》）在那之后，她的文字才真正达到炉火纯青。张爱玲能为今天的读者所喜爱，恐怕首先就在于语言上不仅毫无障碍，而且非常亲切，更重要的是，能令人充分体会到中文之美。

张爱玲文学的第四个与众不同之处，在于她有一个特殊的关注点。她说："我发现弄文学的人向来是注重人生飞扬的一面，而忽视人生安稳的一面。其实，后者正是前者的底子。"还说："人生安稳的一面则有着永恒的意味，虽然这种安稳常是不安全的，而且每隔多少时候就要破坏一次，但仍旧是永恒的。"又说："好的作品，还是在于它是以人生的安稳做底子来描写人生的飞扬的。没有这底子，飞扬只能是浮沫。"（《自己的文章》）她所说的"安稳"，归根到底就是一个人如何为自己找到一块赖以生存的立足之地。从第一篇小说《沉香屑：第一炉香》起，她就开始关注这个问题，葛薇龙投奔姑母梁太太，就是来给自己寻找立足之地的，虽然到了故事结尾处也不能算如其所愿。在《倾城之恋》中，白流苏的前夫去世，却导致她在娘家住不得了，“找事，都是假的，还是找个人是真的。”范柳原喜欢她，但只想让她当情妇，而她要求的却是正经婚姻。只凭自己努力实现不了，不料港战突然发生，这居然成全了她。对于白流苏来说，婚姻就是她的立足之地。——附带说一句，傅雷在《论张爱玲的小说》中批评这小说：“女人，整日担忧着最后一些资本——三十岁左右的青春——再另一次倒账；物质生活的迫切需求，使她无暇顾到心灵。”是完全错会了作者的意。在《金锁记》中，曹七巧嫁入姜家，丈夫是个病人，毫无快乐可言，但最后好歹分得一份家产。“三十年来她戴着黄金的枷。她用那沉重的枷角劈杀了几个人，没死的也送了半条命”——爱慕七巧的姜季泽，她儿子长白娶的妻、妾，女儿长安，长安想找的对象，都在其列。对于曹七巧来说，财产是她的立足之地。在《留情》中，米晶尧已经分居的妻子病重，他去探望，惹得姨太太淳于敦凤不高兴了。“米先生仰脸看着虹，想起他的妻快死了，他一生的大部份也跟着死了。他和她共同生活里的悲伤气恼，都不算了，不算了。米先生看着虹，对于这世界的爱不是爱而是痛惜。”于是留住与敦凤那远远谈不上深厚的情，彼此相依为命，就成了他的立足之地，而这也是她的立足之地。在《色，戒》中，王佳芝在香港参与刺杀汉奸易先生的行动。因为要色诱，所以不能是处女，安排一个男同伙为她破了身，但行动尚未实施，易先生忽然离开了。以后她在上海再次有机会参与刺杀易先生的行动，他给她买了个六克拉的钻戒，再看他那表情，“这个人是真爱我的，她突然想，心下轰然一声，若有所失”，就放走了他，结果把自己和同伙的命都送掉了。对于她来说，前后有两个立足之点：第一个，要是能刺杀成易先生，她就没有白白牺牲童贞；然后第二个又取代了第一个，如果“这个人是真爱我的”，那么她此前所有的付出都有了结果，生命中落空的地方都被填补上了。这样一个虚幻然而却强烈的自我满足的感觉，就是王佳芝的立足之地。“这个人是真爱我的”，可以说是王佳芝错会意；而当她被易先生下令处决后，小说写道：“他对战局并不乐观。知道他将来怎样？得一知己，死而无憾。他觉得她的影子会永远依傍他，安慰他。虽然她恨他，她最后对他的感情强烈到是什么感情都不相干了，只是有感情。他们是原始的猎人与猎物的关系，虎与伥的关系，最终极的占有。她这才生是他的人，死是他的鬼。”又未始不是易先生在错会意了，而这成了他活下去的立足之地。最后，在《同学少年都不贱》中，已经移居美国的两位旧日同学赵珏和恩娟见面时，赵珏刚与丈夫分手不久，相当落魄。她们上中学时各有一个同性恋的对象，这本是人格发展某一阶段的现象，对赵珏来说，“与男子恋爱过了才冲洗得干干净净，一点痕迹都不留”。然而闲谈间赵珏发现恩娟对自己当年的同性恋对象一往情深，“难道恩娟一辈子都没恋爱过？”虽然她看似活得比自己好得多；相比之下，赵珏的人生倒是一直真实地向前发展着。正是在这里，她找到了自己的立足之地。小说写道：“赵珏不禁联想到听见甘迺迪总统遇刺的消息那天。午后一时左右在无线电上听到总统中弹，两三点钟才又报道总统已死。她正在水槽上洗盘碗，脑子里听见自己的声音在说：‘甘迺迪死了。我还活着，即使不过在洗碗。’是最原始的安慰。是一只粗糙的手的抚慰，有点隔靴搔痒，觉都不觉得。但还是到心里去，因为是真话。”张爱玲一直念兹在兹的这件事情，别的作家似乎根本不曾留意。这可以说是张爱玲的人生观。张爱玲文学最重要的地方，就是后面有这个哲学在支持。而且将上面谈到的这几篇小说视为一个序列的话，可以看到她的人物的立足点变得越来越小，似乎对自己和这世界的要求越来越低，而这要求却越来越不容易实现。

张爱玲文学的第五个与众不同之处，体现于她怎么看这世界，看整个人类，包括她自己。鲁迅写过一篇《立论》，其中讲了个故事："一家人家生了一个男孩，合家高兴透顶了。满月的时候，抱出来给客人看，大概自然是想得一点好兆头。一个说：'这孩子将来要发财的。'他于是得到一番感谢。一个说：'这孩子将来要做官的。'他于是收回几句恭维。一个说：'这孩子将来是要死的。'他于是得到一顿大家合力的痛打。"然后说："说要死的必然，说富贵的许谎。"这实际上代表着完全不同的两类作家：一类是对这世界说好话的，一类是对这世界说真话的。绝大多数作家都属于前一类，因为这世界很需要好话来鼓励；但古往今来也有一些作家只想说真话，张爱玲就在此之列。在她之前，中国还能找到一位这样的作家，就是鲁迅。胡兰成说得很对：“鲁迅之后有她。她是个伟大的寻求者。”（《评张爱玲》）说好话与说真话这两类小说，可以说来自两个视点：其一是生活中的每个人的视点，可以称为人的视点，形容起来就是《论语》里孔子说的“仁者爱人”；在此之上还存在着一个视点，是天的视点，或者说是自然的视点，形容起来就是《老子》说的“天地不仁，以万物为刍狗”。《世说新语·伤逝》中王戎所言：“圣人忘情，最下不及情，情之所钟，正在我辈。”也可借来一用。“圣人忘情”是天的视点，“情之所钟，正在我辈”是人的视点，——较之“最下不及情”，对于人物自有深切的体会，然而不少作家的确是在“最下”这一层面写作的。在张爱玲的作品中，人与天这两个视点交替存在。所以一方面距离人物很切近，写出他们当下的真实感受；另一方面又拉开距离，冷冷地观察他们，置之于无法自拔的境地，绝不施以援手。前面谈到人要为自己找到一块立足之地，就是人的视点的集中体现，但能否找到这一立足之地，那要取决于天的视点了。这里且举三例，看看她是如何呈现这两种视点的，一是《倾城之恋》：“香港的陷落成全了她。但是在这不可理喻的世界里，谁知道什么是因，什么是果？

谁知道呢？也许就因为要成全她，一个大都市倾覆了。成千上万的人死去，成千上万的人痛苦着，跟着是惊天动地的大改革……流苏并不觉得她在历史上的地位有什么微妙之处。”二是《同学少年都不贱》，赵珏尽管因觉得自己比恩娟情感生活更真实而找到点心理平衡，接下来写道：“但是后来有一次，她在《时代》周刊上看见恩娟在总统的游艇赤杉号上的照片，……那云泥之感还是当头一棒，够她受的。”以上两处有异曲同工之妙，都是不使人物——其实是读者对于她们的印象——有些许自我膨胀之嫌。再就是《花凋》：“郑夫人在衖堂口发现了一家小鞋店，比众特别便宜，因替阖家大小每人买了两双鞋。川嫦虽然整年不下床，也为她买了两双绣花鞋，一双皮鞋，现在穿着嫌大，补养补养，胖起来的时候，那就‘正好一脚’。但是川嫦说：‘等这次再胖起来，可再也不想减轻体重了！要它瘦容易，要想加个一磅两磅原来有这么难的哟！想起从前那时候怕胖。怕胖，扣着吃，吃点胡萝卜同花旗橘子——什么都不敢吃——真是呵……’她从被窝里伸出一只脚来踏在皮鞋里试了一试，道：‘这种皮看上去倒很牢，总可以穿两三年呢。’”然后写道——这也是小说的结尾：“她死在三星期后。”无论人的视点是否意识到天的视点，自然都是按其自身规律运行的，并不顾及对于具体某个人来说是福是祸。这正是作者的深刻之处。

张爱玲文学还有第六个与众不同之处——这时这个“众”是她自己，是被大家所肯定，所喜欢，所念念不忘的过去的那个张爱玲。刚才宋先生引用的张爱玲的“金句”，也就是论家赞不绝口的“兀自燃烧的句子”，不少出自张爱玲早期的小说集《传奇》，这是她影响最大的一部作品。很多模仿张爱玲写作的作家，所谓“张派传人”，所学的也都是这部《传奇》。但是我们看《传奇》中写得最晚的《年青的时候》《花凋》，内容和写法已经较之此前包括《倾城之恋》和《金锁记》——尽管这两篇口碑甚好——在内的作品多有变化；后来出版的《传奇增订本》补收的《红玫瑰与白玫瑰》《鸿鸾禧》《等》《桂花蒸 阿小悲秋》和《留情》，在《年轻的时候》《花凋》的方向上继续发展，总的来说，是放弃了“传奇”，无论在主题上，情节上，还是人物设计上，都是如此。及至她写《秧歌》，在寄给胡适时特地说，希望这本书有点像他评《海上花》的“平淡而近自然”，这就与《传奇》时代的风格大相径庭。以后她将《金锁记》改写为《怨女》，显然也是不喜欢原先那种写法。晚年写《色，戒》《相见欢》《浮花浪蕊》、《小团圆》和《同学少年都不贱》，风格又有变化，她曾说："《浮花浪蕊》最后一次大改，才参用社会小说做法，题材比近代短篇小说散漫，是一个实验。"（《惘然记》）《小团圆》写得更为"散漫"。张爱玲的与众不同之处，就包括此种自我变革在内，说来她在这方面是非常决绝的。话说至此，有一点需要提到，就是一九五五年她从香港去美国，到一九六六年在香港《星岛日报》连载《怨女》，其间的十几年几乎都荒废了。张爱玲改用英文写作实属无奈之举：很长一段时间，世界上无论什么地方，不仅是张爱玲，谁都根本没有用中文写作的立足之地。而对张爱玲来说，英文写作也没有成功，原因之一在于她拒绝迎合美国出版商的"中国想象"，即如其所说："我一向有个感觉，对东方特别喜爱的人，他们所喜欢的往往正是我想拆穿的。"(一九六四年十一月二十一日致夏志清)

以上说的张爱玲文学的与众不同之处，其实大部分也可以移过来形容她的散文，虽然这分属虚构与非虚构两种性质不同的文体。她的散文里同样没有阶级之见，但也不故作超阶级之见；事件大小，在己而不在人；用的都是纯熟上好的文字；无论写自己还是写别人都关注他的根；仍然以上帝之眼看自己；从来也不固步自封，晚期的散文无论内容还是写法都与早期大相径庭。相对而言，张爱玲的散文世界比她的小说世界更广大，也更贴近普通生活。张爱玲是个毕生关注、热爱普通生活的人。她也留心民间风俗，底层艺术，地方物产，到了如数家珍的程度。总而言之，越素朴，越接近生活本身，越是没有经过文明的矫饰，就越为她所喜爱。这不仅对她的文学创作有很大助益，譬如细节的描写，意象的采用；甚至关乎她的世界观与人生观。张爱玲把根扎在最低处，从这里长高，高到俯视人类的悲哀，却并不高高在上，她与一切同在。

最后我念一段张爱玲的文字来结束这个话题罢。取自她身后发表的散文《重访边城》。在结尾处，她写到自己将要离开香港，“忽然空中飘来一缕屎臭，在黑暗中特别浓烈。不是倒马桶，没有刷马桶的声音。晚上也不是倒马桶的时候。也不是有人在街上大便，露天较空旷，不会这样热呼呼的。那难道是店堂楼上住家的一掀开马桶盖，就有这么臭？是真还是马可波罗的世界，色香味俱全。我觉得是香港的临去秋波，带点安抚的意味，看在我忆旧的份上。在黑暗中我的嘴唇牵动着微笑起来，但是毕竟笑不出来，因为疑心我跟香港诀别了。”只有张爱玲才能将一个人与凌驾其上的那个巨大的自然，这样两种视点完美地融合在一起。她选择了一个奇异的意象，换了别的作家大概根本想不到，想到也不一定敢写。然而她无所顾忌，因为自己情真意切。在一个特别冷酷黑暗的背景下，她充分表达了此时此刻对于这座城市的挚爱与留恋。

张爱玲的与众不同之处，归纳起来，就是她与当时很多作家写的都不一样，她与后来所有学她的作家写的都不一样，她与曾经那么写的自己也不一样。她就是这样一位作家。

〔附记〕《重访边城》末尾一段，当然融入了张爱玲自己滞留香港那段时间的人生体验，她在一九六三年三月二日致赖雅信中，曾称之为“此生最不愉快的五个月”。这是她第三次来到香港，以后再也没有回过这座城市。

二〇一六年七月二十三日，在香港书展讲

张爱玲的残酷之美

关于张爱玲，常常见到一种批评：她的作品悲观，没有展现理想，不曾塑造英雄。有论家曾引用《金锁记》里的一句话来概括她的小说："一级一级，走进没有光的所在。"这种意见，假如不看作价值判断，单就陈述事实而言，本身并不错。但张爱玲为什么这样，这不是简单的"悲观"或"乐观"所能解释的，背后还有一个东西，就是今天讲的题目——"张爱玲的残酷之美"。

我们先来看看张爱玲对待她笔下若干"好人"的态度。这些人物各不相同，都是善良的人，对于生活都有一些小小的愿望，都有一种对于"好"的追求，一种向着"好"的程度不同的发展。但是在张爱玲笔下，所有这些努力都落空了。这里提到的第一个人物，是《茉莉香片》里的言丹朱。张爱玲曾经说过："我写的故事里没有一个主角是个'完人'。只有一个女孩子可以说是合乎理想的，善良，慈悲，正大，……"指的就是言丹朱。她想帮助一位同学聂传庆，结果差点被他打死。这么个人，怎么会是这样的结局呢。因为聂传庆对这个世界充满仇恨，要找一个报复的对象，就选定了言丹朱；按照他的想法，她根本不应该在世界上存在。

我们再看另外一个人物，《红玫瑰与白玫瑰》里的王娇蕊。这是个情感很丰富的女性，过去都是她抛弃别人，后来遇到佟振保，却被他给抛弃了。小说写道："从前的娇蕊是太好的爱匠。现在这样的爱，在娇蕊还是生平第一次。"但是"这一次，是那坏女人上了当了！"——按照佟振保的想法，娇蕊就是个"坏女人"。在与佟振保的关系里，王娇蕊很无辜，没有什么过错，但是也落得这样一个下场。多年以后，佟振保在公共汽车上见到王娇蕊，她已经是个憔悴的中年女人，但仍然执着于"爱"——可以说她因为当年与佟振保的关系，不幸染上这种病了。

第三个人物，是《金锁记》里的姜长安。姜长安是曹七巧的女儿，资质并不算好，因为已经被母亲给调理坏了。

可是在婚姻这件事情上，她还是很纯洁的。她希望能够好好找一个人，得到一点幸福。她遇到了童世舫。这是个经历过世面，希望能够过安定生活的男人。他认定姜长安是传统的中国女性；对于她的缺点，他都不当作缺点来看。但是这场婚姻被曹七巧破坏了。结果姜长安一生也没有找到人。小说写道，她只剩下一点回忆了，不过这个可供她回忆的东西非常之少。

上面这三个人，姜长安也好，王娇蕊也好，言丹朱也好，在张爱玲笔下都落得悲惨的结局。不过她们的悲剧到底还可以归咎于某一个人：姜长安是她母亲，王娇蕊是佟振保，言丹朱是聂传庆。我们再来看看《花凋》的主人公郑川嫦。这是个普通家庭的女孩子，长得很漂亮，她想找一个人，在第一次相亲的时候，就遇见了她想找的人，可是当天她就生病了。小说里写她不断生病，直至病死，这么一个过程。郑川嫦的悲剧，是一出没有任何人为因素的悲剧，一出纯粹的悲剧。她更显得无辜了。

张爱玲这种态度，使我联想到文学史上她的一位前辈，就是鲁迅。鲁迅小说《明天》的主人公单四嫂子，有个孩子宝儿。宝儿生病死了，被埋葬了。小说的结尾，单四嫂子希望能够梦见宝儿。作者没有写她到底是梦见了，还是没有梦见。鲁迅在《〈呐喊〉自序》里说，“但既然是呐喊，则当然须听将令的了，所以我往往不恤用了曲笔”，特地说明，“在《明天》里也不叙单四嫂子竟没有做到看见儿子的梦，因为那时的主将是不主张消极的”。张爱玲实际上是把鲁迅所用的曲笔，有心写却未能写的东西，给写出来了。言丹朱、郑川嫦，完全有着单四嫂子式的无辜。可以说张爱玲是在鲁迅开始的那个方向，又往前走了一步。也就是说，在他们笔下，对于无辜者有个特别的态度。这个态度，鲁迅称为“消极”，实际上我们可以说是“彻底”，也就是不留余地，直接把这个人真实的命运给揭示出来。在中国现代其他作家那里，要么是没有想到，要么是想到了，不忍心或者不敢这么写，但是鲁迅和张爱玲写到了。这是两位不同于他人之处。

这样一种写法，我觉得其中包含着两个视点。其一是人间视点，也就是说站在普通人的立场去看。人都有喜怒哀乐，悲欢离合；以此来看待自己或者别人，正是一个人的看法。其一是在这个视点之上，俯看整个人间的视点。是把人类的悲哀，或人类的——刚才说的喜怒哀乐，悲欢离合，整个看在眼里。无论写《明天》的鲁迅，还是张爱玲，都同时拥有这样两个视点。从人间视点出发，他们真实地写出人物的愿望，这时作者完全认同于他们，承认人生的价值；从俯视人间的视点出发，则揭示出这种价值的非终极性。

这样两种视点，可以举中国古代的两本书作代表。《论语》代表了人间视点，那里孔子总是站在人的立场考虑问题，总是从人的角度发表议论。《老子》代表了非人间的视点，当说“天地不仁，以万物为刍狗；圣人不仁，以百姓为刍狗”，以及“大道废，有仁义”、“大曰逝，逝曰远，远曰返”等时，我们发现，作者是超越于所有这些之上，所指出的是一个事实，而不是一种可能性。不是说假如“天地不仁”，而是告诉你就是这么回事。他不是作为“万物”或“刍狗”之一来说这件事情，他和“天地”是处在同一位置。我觉得正因为同时拥有这样两种视点，鲁迅也好，张爱玲也好，他们笔下才会出现上述情况。他们写到单四嫂子、言丹朱、姜长安、郑川嫦、王娇蕊，才有这种态度。

我们可以具体看看，同时拥有两种视点，在小说中是如何实现的。《花凋》中的郑川嫦生病了，末了不想活了，计划自杀，但出去转了一趟之后，家人把她给接回来了。这时她已经接受这个事实——自己病得不行了，所爱恋的人也不能再等她了，整个人生对她来讲，除了生病已经没有别的意义了。她反而安心了，甚至变得有点乐观了。小说接着写她母亲在弄堂里发现一家鞋店，买鞋很便宜，她给每个孩子买两双，给川嫦买了三双。然后写道，“当然，现在穿着嫌大，补养补养，胖起来的时候，就合脚了。不久她又要设法减轻体重了，……川嫦把一只脚踏到皮鞋里试了一试，道：‘这种皮看上去倒很牢，总可以穿两三年。’”可是接着就是一句话：“她死在三星期后。”我们很明显地看到，当写到母亲买鞋和川嫦的想法的时候，作者认同于这些人物；当写到“她死在三星期后”的时候，作者是俯视她们的。这就是两种视点。

张爱玲后来写了一篇小说《色，戒》，主人公叫王佳芝，她参与一次刺杀汉奸的行动。当正要实施的时候，她突然发现，要杀的易先生是喜欢她的，于是她把这个人放跑了，这次行动也就失败了。我第一次读这小说，奇怪主人公怎么没有结局，她到哪儿去了。仔细一看，原来说：

“他一脱险马上一个电话打去，把那一带都封锁起来，一网打尽，不到晚上十点钟统统枪毙了。”然后写：“她临终一定恨他，……”本来是女主人公，现在却成了“统统”之一；这里我们明显感到作者视点的转化。这样交代人物，用的就是非人间或超越人间之上的视点。

在《茉莉香片》中，聂传庆把言丹朱打得要死。但小说最后一句话说：“丹朱没有死。隔两天开学了，他还得在学校里见到她。他跑不了。”——聂传庆跑不了。整个小说都是从聂传庆的心理出发，他这么想，所以才这么做。但是当写到“他跑不了”，作者就不管他了，把他放到这么一个位置上，他怎么办呢。此时这个视点也是人间之上的视点。

附带说一句，大家都讲，张爱玲和市民文学有很深的关系；但是刚才讲的这些，恰恰是张爱玲最不同于市民文学的地方。因为市民文学一切都是基于人间视点的，并没有超越人间之上的视点。悲剧也好，喜剧也好，大团圆也好，都是人间本身发生的事情，这是市民文学的特点所在。而张爱玲不是这样。

我们再来看看，张爱玲笔下另外一些相对成功的人物。

写他们的时候，作者其实还是用的两种视点。第一个要提到《倾城之恋》里的白流苏。她离婚之后，住在自己娘家。有天晚上来了个客人徐太太，报告她的前夫死了。于是白流苏在家里住不得了，突然面临生存危机。经过徐太太的提示，白流苏明白自己需要找个男人结婚。她说，“一个女人，再好些，得不着异性的爱，也就得不着同性的尊重”。她相信自己有能力做到如此。——张爱玲后来讲，“流苏实在是一个相当厉害的人，有决断，有口才”。经过很多的波折，最后她嫁给了范柳原。但是这个结局，完全不是白流苏自己的成就。因为范柳原只想让她当情妇，不愿意正式结婚。白流苏花了好大精力，都白费了。小说快到中间部分，这个结局已经定了，她只能做她不想做的事，变成范柳原的情妇。谁知就在这时，战争爆发了。两人的关系因此改变，白流苏的命运也随之改变，她终于如愿以偿地结婚了。小说结尾处说：“流苏并不觉得她在历史上的地位有什么微妙之处。”实际上张爱玲还是用俯视的眼光来看这一切，在她看来白流苏自己的一切努力并无意义。以后她在《自己的文章》里说：“柳原与流苏的结局，虽然多少是健康的，仍旧是庸俗；就事论事，他们也只能如此。”白流苏并不是这个时代的英雄，是因为“倾城”，才成就了她的“恋”。

再举一个例子，就是曹七巧。张爱玲说，“我的小说里，除了《金锁记》里的曹七巧，全是些不彻底的人物”。似乎可以理解为，她超越了张爱玲对待人物的一般安排。曹七巧的“彻底”就是“彻底破坏”。破坏可能喜欢她，也可能是算计她的姜季泽；破坏她的儿子姜长白；破坏儿媳妇芝寿和儿子的妾绢姑娘——她们都死了；破坏她的女儿姜长安。当然她更破坏了自己。我们可以说，曹七巧是个人世间的英雄。但是她超越不了这一点。小说结尾有一段话说：“七巧的女儿是不难解决她自己的问题的。谣言说她和一个男子在街上一同走，停在摊子跟前，他为她买了一双吊袜带。也许她用的是自己的钱，可是无论如何是由男子的袋里掏出来的。……当然这不过是谣言。”这时曹七巧已经死了，也就管不了了。说来她这个英雄还是有限的，她的力量超越不了生死之间的界限。而张爱玲写到结尾的时候，眼光注视到人世间与人世间之外。在人世间之外去看曹七巧，对于人世间的事情她无能为力。

张爱玲笔下这些人物，大多出现在《传奇》这本书里。

《传奇》的前后顺序，并不是按照写作时间排列的。如果按照写作顺序重新排列一下，以最后一篇《留情》（写于一九四五年一月）对比第一篇《沉香屑：第一炉香》（写于一九四三年四月），会发现不到两年时间，作者的风格已经有了很大变化。如果我们以中间一篇《年青的时候》（写于一九四四年一月）作为临界点的话，此前的小说，把刚才说的那种残酷之美，写到非常极致，非常彻底。无论《茉莉香片》也好，《倾城之恋》也好，《金锁记》也好，张爱玲把人与人之间，人与命运之间的冲突，都写得很激烈。与此同时，小说的意象很丰富，语言也很华丽。从《年青的时候》开始，小说的情节性减弱了，相伴随的，小说里的意象减少了，色彩也变淡了。但是我觉得，她的残酷之美仍然存在。以前她更强调冲突；以后她更多写的是人面对命运的无可奈何，更强调的是这一点。其实这里还是有两个视点，只不过人间视点更把非人间视点所看到的东西视为前提，非人间视点被融入到人间视点之中。

举个例子，就是《传奇》里最后写的那篇《留情》。小说写一对夫妇，男的叫米晶尧，女的叫淳于敦凤，是他的小老婆。小说开始，大太太病了，米先生要去看她。敦凤有点不高兴，说我也要出门。米先生就跟着她到她的舅母家了，在那儿百无聊赖地呆了好长时间，终于走了，去看大太太。这时敦凤跟舅母说，她与米先生其实没有什么感情。——我们知道，米先生那时已经有六十岁了，而敦凤才三十七岁。一会儿，米先生回来了。敦凤感到高兴，两个人就走了。这时候小说写天上出现了一道虹，“米先生仰脸看着虹，想起他的妻快死了，他一生的大部分也跟着死了”。然后说，“对于这世界他的爱不是爱而是痛惜”。可是正因为这样，米先生还得要留住跟敦凤的情，虽然这个情并没有什么情；敦凤也要留住跟米先生的情，因为她也要活下去。他们得相依为命。小说结尾处说：“生在这世上，没有一样感情不是千创百孔的，然而敦凤与米先生在回家的路上还是相爱着。”我们发现，这时的张爱玲，跟写《金锁记》和《倾城之恋》时的她有些不同了。以前的张爱玲多少有点年轻气盛，好像什么都可以写得明明白白；到这个时候——实际上中间相隔不到两年——她已经觉得有的事情是没法说的。这世界是个事实，对此你只能接受下来。因为有个人间之上的视点，把世界看清了；然后她再回到人间视点来看这些事情。这个特色，可以叫做苍凉。

张爱玲还有一篇小说《鸿鸾禧》，写一个人家娶媳妇，新娘子叫邱玉清。这作品有点喜剧色彩，此前的《琉璃瓦》，此后的《五四遗事》《相见欢》，多少也有那么一点。但这些小说，我们读起来却有不同程度的苦涩滋味。尤其是《鸿鸾禧》，写的虽然是件喜事，但完全是悲的味道。刚才说的《留情》里没有什么“情”，同样《鸿鸾禧》里也没有什么“禧”。婚礼过后，玉清的婆婆回想起自己小时候看见的婚礼：“那天她所看见的结婚有一种一贯的感觉，而她儿子的喜事是小片小片的，不知为什么。”整个小说，读来就是这样一种淡淡的悲哀。这种悲喜交集，正反映了作者的两种视点。鲁迅说过：“悲剧将人生的有价值的东西毁灭给人看，喜剧将那无价值的撕破给人看。”这句话里隐含一层意思：悲剧是以“人生”“有价值”为前提，喜剧是以“人生”“无价值”为前提。进一步说，悲倒是人间视点的体现，因为觉得它有价值，才有悲凉的感觉；而喜剧呢，倒是非人间视点的体现，看出它的可笑之处，它的无价值之处。悲剧和喜剧关键并不在于结局如何，或者说不仅仅在于结局如何，而在于你是怎么看法，在于是用两种完全不同的眼光去看。

刚才说，张爱玲的小说有两种特色，一个叫残酷，一个叫苍凉；前期的小说残酷色彩更重，后期的小说苍凉色彩更重。而苍凉是因为有个残酷的前提：残酷之下，这个人还得继续活着，就是苍凉。这在她后期的小说里，表现得更明显。从前的她写得非常饱满，非常彻底；现在则是一言难尽，乃至无以言说。五十年代以后写的《五四遗事》，由《金锁记》改写的《怨女》，还有《色，戒》《相见欢》《浮花浪蕊》，以及新近发现的《同学少年都不贱》，几乎都是点到为止。

《同学少年都不贱》写的是一个人活在世上，要给自己找个支点，找个生存的理由。小说描写赵珏与恩娟两个女人之间微妙的心理关系。题目是从杜甫的诗句“同学少年多不贱，五陵裘马自轻肥”化出来的。改了一个字，当然不是误记。“都”比“多”还多，这样就把赵珏给包括进去，她也“不贱”了。这正是主人公赵珏的自我感觉，具体说来，是她将自己与恩娟相比较的感觉。赵珏的姨妈曾提到恩娟“这股子少年得意的劲受不了！”——恩娟早已是“不贱”了；相对于成功者恩娟，赵珏处处不如意。但在小说结尾处，赵珏找到了自己也“不贱”的感觉。原来以前在学校的时候，女学生都有一点同性恋的倾向；过了某个年龄，这种事情就过去了。赵珏曾经喜欢一个女同学，恩娟也喜欢一个女同学。但是没过多久，赵珏就不愿意理那个人了。小说结尾的时候，恩娟来看她，讲起自己喜欢的人，还是非常在意。这时候赵珏发现，恩娟从来没有走出这个情结。她想，“难道恩娟一辈子都没恋爱过？”相比之下，自己毕竟是真正有过爱情的。这时小说写了一段话，犹如神来之笔：赵珏想起得知甘迺迪（即肯尼迪）遇刺时，她正在家里刷碗，“甘迺迪死了。我还活着，即使不过在洗碗。”恩娟与她正好有此一比。接着写道，这是“最原始的安慰。是一只粗糙的手的抚慰，有点隔靴搔痒，觉都不觉得。但还是到心里去，因为是真话”。由此，赵珏取得了人生的立足点。这是张爱玲深刻入骨的地方。

《同学少年都不贱》是一九七八年写的，《传奇》里最早的一篇小说写于一九四三年，其间经历了三十多年。张爱玲的创作是个漫长的过程，这个过程里有她自己的发展变化。她的早期小说写得很强烈；她的后期小说，用胡适的话来形容，叫做“平淡而近自然”。也就是说，更多言外之意，需要细细体会。张爱玲的早期小说，比如《金锁记》

《倾城之恋》，非常有名，对大家影响很大，于是论家或读者就以这些作品作为整个张爱玲的代表，认为这才是她的风格所在。后来她的写法发生了变化，大家就觉得好像写得不如以前。在我看来，张爱玲不同时期有不同时期的风格，它们之间又有一致之处——她始终是用两种眼光去看这个世界，去看这个世界上的人；她看到他们悲剧的一面，也看到他们喜剧的一面。

二〇〇四年五月二十日，

在中央电视台《百家讲坛》讲

《张爱玲片断》后记

时至今日，张爱玲的遗作《同学少年都不贱》《重访边城》和《小团圆》均已面世，她的英文作品 *The Fall of Pagoda*（《雷峰塔》）和 *The Book of Change*（《易经》）也计划译成中文出版。回过头去看自己八九年前写的小文章，有些说法显然不对头了。

有类似情况的，应该不止我一个人。我曾对记者说，《小团圆》等“出土”，使得过去有关张爱玲的不少生平研究和作品研究都得推倒重来。举个例子，宋淇之子宋以朗二〇〇七年接受报纸采访，首次披露张爱玲有 *The Fall of Pagoda* 和 *The Book of Change* 两部作品，此前研究者对此一无所知。张爱玲一九六五年为 *World authors 1950-1970, A Companion Volume to Twentieth Century*

Authors（《世界作家简介，一九五〇——一九七〇，二十世纪作家简介补册》）一书所写自白有云："近十年来我一直生活在美国，用大部分时间写了两本关于前共产中国的长篇小说，尚未出版，第三本长篇小说仍在写作中，同时搞翻译，并用中文写一些电影和广播剧剧本。此间的出版商似乎对那两本小说中的人物不太满意，甚至觉得非常乏味。Knopf的一位编辑写道，如果之前的情况果真如此，后来的共产社会实际上就是解放。在这一点上，我反对那种猎奇的文学俗套，把中国描绘成一个儒家学者满口说教的国度，它有违现代文学的常规。……我所关心的主要是介于破败时代与最后那些动荡、混乱并使个人处境艰难的年头之间的几十年，介于过去的千年与无论如何将会到来的世纪之间的令人同情的短暂时光。"所说"写了"而"尚未出版"的两本长篇小说，一是*Pink Tears*（后改写为*The Rouge of the North*，即《怨女》），一是原系同一部作品的*The Fall of the Pagoda*和*The Book of Change*，正与"前共产中国"对得上号。

然而高全之在《张爱玲学》中却将此错会成"是《赤地之恋》与《怨女》"，并说："'前共产中国'原文为

'China before the Communists'。我在《三思》提过《赤地之恋》实属早期共产中国的故事。此亦张爱玲偶尔小事胡涂一例：把《赤地之恋》归类为前共产中国。"《张爱玲学》算得上是迄今为止研究张爱玲最下功夫的一本著作，但这一说法不啻强不知为知。

《小团圆》的问世，改变了人们对张爱玲整个创作历程的认识。张爱玲上世纪七十年代的作品，先前我们看到《色，戒》《浮花浪蕊》和《相见欢》，虽然写法与她从前很不一样，但只有三个短篇小说，好像不能说明太多问题。待到写于同一时期的中篇小说《同学少年都不贱》和长篇小说《小团圆》出版，情况就不同了。这些风格一致，篇幅加起来几与《传奇》相当的作品提示我们，张爱玲的创作生涯有着整整一个晚期，而"晚期张爱玲"的成就和重要性绝不亚于写作《传奇》的早期。此前所谓张爱玲后来创作衰退、作品无多的"定论"，也就站不住脚了。而这说法，正肇始于柯灵《遥寄张爱玲》所云"张爱玲的文学生涯，辉煌鼎盛的时期只有两年（一九四三——九四五）"。

这里可以略述张爱玲小说创作的几个阶段。第一阶段是一九四三年至一九四五年，作品是《传奇》增订本以及没有收入集中的几篇。而这又可分为前后两期，从一九四四年一月写的《年青的时候》起有所变化。据《〈传奇〉集评茶会记》，当年“人家欢喜她的《金锁记》和《倾城之恋》，可是她自己最欢喜的倒是《年青的时候》”。谭正璧在《论张爱玲与苏青》中说《年青的时候》“比较地松弛”，这从情节上说是趋于散，从意象上说是趋于简。前后两期的主要区别即在于此。

第二阶段是一九四五年至一九五二年，这是张爱玲小说创作的低潮，所写《郁金香》《十八春》和《小艾》都发表在小报上，《多少恨》则是根据自己的电影剧本改写的，除《郁金香》外都接近于通俗小说。

第三阶段是一九五二年至一九五五年，其间她创作了长篇小说《秧歌》和《赤地之恋》。柯灵说：“对她的《秧歌》和《赤地之恋》，我坦率地认为是坏作品，不像出于《金锁记》和《倾城之恋》作者的手笔，我很代张爱玲惋惜。”这一说法影响至今。将《秧歌》与《赤地之恋》相提并论，其实未必恰当；而“不像出于《金锁记》和《倾城之恋》作者的手笔”，则是对作者的风格变化不能适应。张爱玲已不愿意继续用“《金锁记》和《倾城之恋》的手笔”写作了。胡适看了《秧歌》，写信给作者说：“你自己说的‘有一点接近平淡而近自然的境界’，我认为你在这个方面已做到了很成功的地步！”另有作家说：“张爱玲的小说缺乏一种广阔的大意象，还是一种小家碧玉的东西，非常精致的东西，玲珑剔透的小摆件，没有那种狂风暴雨般的冲突。”大概也是没有读过《秧歌》，否则当知张爱玲笔下“广阔”得多，真正有“那种狂风暴雨般的冲突”。

此后张爱玲赴美，是为第四阶段。其间主要用英文写作，除了先以英文印行而后又译成中文发表的《五四遗事》和《怨女》外，其余皆无人问津。待到《雷峰塔》和《易经》译成中文出版，也许才能对她这一阶段的创作做出真正评价。

上世纪七十年代，张爱玲的小说创作进入第五阶段，也是最后一个阶段。总的来说，她的作品结构更趋复杂，语言更趋精炼，至于刻画人物内心的深刻程度，比早期作品更有过之而无不及。《传奇》问世后，曾有论家断言“她是不宜写长篇小说的”，以往大家津津乐道的也都是张爱玲的中短篇小说。《小团圆》之前的几部长篇小说，《连环套》《创世纪》没有写完；《十八春》（后改为《半生缘》）

“故事的结构采自 J.P. Marquand 的 *H. M. Pulham, Esq*”；《赤地之恋》“是在‘授权’（Commissioned）的情形下写成的”；《秧歌》篇幅较短，只是个小长篇；《怨女》也不长，而且是重写《金锁记》的故事。《小团圆》就不同了，它证明张爱玲完全可以胜任篇幅更长、结构复杂的长篇小说。

《小团圆》的主人公盛九莉是张爱玲笔下最复杂的人物。作者过去塑造的人物，有情最是王娇蕊，无情最是曹七巧，九莉则将这两个极端集于一身。她爱邵之雍，爱到“他走后一烟灰盘的烟蒂，她都拣了起来，收在一只旧信封里”；又恨邵之雍，恨到起念杀他：“厨房里有一把斩肉的板刀，太沉重了。还有把切西瓜的长刀，比较伏手。对准了那狭窄的金色背脊一刀。他现在是法外之人了，拖下楼梯往街上一丢。”小说结尾，当九莉做关于小孩和邵之雍的快乐的梦时，犹如王娇蕊；而“她从来不想要孩子，也许一部分原因也是觉得她如果有小孩，一定会对她坏，替她母亲报仇”，则像曹七巧。在有情与无情之间，作者收放自如，写得淋漓尽致。

我曾讲，张爱玲笔下每每有两个视点，其一是人间视点，亦即站在普通人的立场去看，人都有喜怒哀乐，悲欢离合，以此来看待自己或者别人，正是一个人的看法；其一是在此之上，俯看整个人间的视点，是把人类的喜怒哀乐，悲欢离合，整个看在眼里。从人间视点出发，作者真实地写出人物的愿望，这时作者完全认同于他们，承认人生的价值；从俯视人间的视点出发，则揭示出这种价值的非终极性。张爱玲的小说定稿，只有《殷宝滟送花楼会》里有个“我”，其他都用第三人称，以便于这两种视点共存于作品之中。具体说来，当第三人称叙述者接近或认同某个人物时，体现的是人间视点；当叙述者脱离这个人物，人间之上的视点往往就体现出来了。《小团圆》也是如此。张爱玲致宋淇的信有云：“我在《小团圆》里讲到自己也很不客气，这种地方总是自己来揭发的好。当然也并不是否定自己。”当她说“当然也并不是否定自己”，是人间视点；说“讲到自己也很不客气”，则是人间之上的视点。两个视点在《小团圆》里交错出现，一方面很切近，写出盛九莉当下的细腻感受；另一方面又拉开距离，冷冷地观察她，置之于迷茫、痛苦、纠缠不清、无法自拔的境地，绝不施予援手。

二〇〇九年五月九日

［附记］《张爱玲片断》是我的一篇文章，收入《沽酌集》。出新版时，补写了这篇后记。本书并非我所写关于张爱玲的文章的全编，《片断》未予收录。

二〇二〇年七月十九日

《传奇》人物图赞

《茉莉香片》

《茉莉香片》原载一九四三年七月《杂志》第十一卷四期，有插图两幅。第一幅被用作题图，画的是聂传庆与言丹朱。关于二人，本文云：“后面那一个座位上坐着聂传庆，一个二十上下的男孩子。说他是二十岁，眉梢嘴角却又有点老态。同时他那窄窄的肩膀和细长的脖子又似乎是十六七岁发育未完全的样子。他穿了一件蓝绸子夹袍，捧着一叠书，侧着身子坐着，头抵在玻璃窗上，蒙古型的鹅蛋脸，淡眉毛，吊梢眼，衬着后面粉霞缎一般的花光，很有几分女性美。惟有他的鼻子却是过分的高了一点，与那纤柔的脸庞犯了冲。”“言丹朱大约是刚洗了头发，还没干，正中挑了一条路子，电烫的发梢不很鬈了，直直的披了下来，像美国漫画里的红印度小孩。滚圆的脸，晒成了赤金色。眉眼浓秀，个子不高，可是很丰满。……一件白绒线紧身背心把她的厚实的胸脯子和小小的腰塑成了石膏像。”

画中所绘，正是小说开头不久，“她一上车就向他笑着点了个头，向这边走了过来，在他身旁坐下。”但是上面关于聂传庆的描写，本在言丹朱上车之前；现在两个人说话，怎么他还是“侧着身子坐着，头抵在玻璃窗上”。多半为了强调传庆和丹朱——其实不光和她，是和所有的人，和这整个世界——之间的隔阂。

说“隔阂”也许嫌轻，传庆是被禁锢着。小说中有个关于“绣在屏风上的鸟”的著名意象，形容的是他的母亲冯碧落；其实传庆也一样：“屏风上又添上了一只鸟，打死他也不能飞下屏风去。”母亲“死也还死在屏风上”；他呢，是禁锢在屏风上的活鸟，“跑不了！跑不了！”传庆一言以蔽之，就是“脱逃”。不过，“他跟着他父亲二十年，已经给制造成了一个精神上的残废，即使给了他自由，他也跑不了”。那么能在自己心里脱逃，也就行了。

《茉莉香片》和接下来的《心经》《金锁记》《年青的时候》《花凋》《红玫瑰与白玫瑰》等，也许还有《倾城之恋》的一部分，都属于“心理分析小说”——附带说一句，这也是继鲁迅《阿Q正传》以后，中国小说在这方面的真正收获。这路小说的核心是心理先于现实。一切都起始于头脑之中，人物为一个或简单，或复杂，或起初简单而后变得越来越复杂的念头所驱动，在自己的内心世界左右奔突，寻求出路；外部世界不过先是为此提供必要条件，而后转化成为阻遏，以及进一步所施加的压力。其中又以《茉莉香片》里的传庆为甚，外部行为只是心理活动的最后也是最无奈的一步；他只做过一件事，就是小说结尾处对丹朱大打出手。然而他实在逼不得已，环境——外在的，心理的，前者经后者而被放大——对他压迫得太厉害。除此之外，小说里几乎没有别的事件发生。

小说形容传庆的思维方式，说是：“吃了一个‘如果’，再剥一个‘如果’……”最为深刻不过。现实没有出路，他为自己硬想出一条路来。父亲，后母，整个家庭，学校，言子夜，还有自己，都是他无可抵御的压迫；最终却择定全然无辜的丹朱，作为唯一突破的缺口：“有了你，就没有我。有了我，就没有你。”公共汽车上丹朱说出自己父亲的名字，本来再寻常不过；可是这就种下恶果，几乎丢了性命。似乎全不搭界的事情，在传庆却是理所当然；因为他有他的逻辑，他按此去想，去做。难得的是张爱玲写得如此周全，简直丝丝入扣。自始至终都是他自说自话，即便付诸实施时也如此，所以才无懈可击。这让人联想到陀思妥耶夫斯基的《罪与罚》；传庆的想法、做法，正是“拉斯柯尔尼科夫式的”。这一心理过程，不妨称为疯狂；其实张爱玲笔下许多人物亦然，不过方向、程度不同罢了。

但是这里所发生的一切——无论传庆的想法还是行为——都是徒劳。小说结末说：“他跑不了。”那么就又回到起点，传庆命定是“打死他也不能飞下屏风去”的那只鸟。不过事已至此，他又如何面对，如何承受。张爱玲依照传庆的思维方式，一直推到极致之处，有如悬崖绝壁；把他留在那儿，就撒手不管了。小说戛然而止，真正令人绝望的却在其后。

《茉莉香片》中，别的人物都是传庆的对象。他揣想他们；他们自己如何想法，全无所谓。他认定他们怎样，便是怎样。对于他的狭小世界来说，别人都是四周那坚硬无比而且愈加迫近的高大墙壁。丹朱也是这样。按照传庆的想法，“她根本不该生到这世上来，他要她回去”。但她像别人一样浑然无知；而且试图进入他的世界，向他援之以手。我们由此看出她的可爱；传庆则认为可恨，该死。他因此选择她作自己反抗整个世界的对象。“丹朱是一个善女人，但是她终是一个女人。”作为前者，她接近他；作为后者，她不懂得及时脱身。

张爱玲在《到底是上海人》里说：“我写的故事里没有一个主角是个‘完人’。只有一个女孩子可以说是合乎理想的，善良，慈悲，正大，但是，如果她不是长得美的话，只怕她有三分讨人厌。美虽美，也许读者们还是要向她叱道：‘回到童话里去！’在《白雪公主》与《玻璃鞋》里，她有她的地盘。”我同意万燕的推测，所指正是丹朱。童话里的丹朱，对于现实来说多此一举；而在传庆的“童话”里，她成了妖魔鬼怪。“他知道她没有死。知道又怎样？有这胆量再回去，结果了她？”小说写到此处，真是杀气腾腾。然而，“在这一刹那间，他与她心灵相通”；丹朱濒死之际，有如他的一生。在传庆的逻辑里，张爱玲比他走得还远；传庆却胆怯了，他只能自作自受。

丹朱纯洁得简直没有一丝缺点；离开传庆的逻辑，她的际遇也就毫无道理可言——完全是《明天》里单四嫂子式的无辜，而张爱玲正有鲁迅那种残酷之美。可是传庆既然疯狂，丹朱就得做疯狂的牺牲。她最后给我们的印象，是“恍惚可以听见她咻咻的艰难的呼吸声”；其实丹朱可爱之处，正在于她的无辜。不知道以后她可明白，怎会落到这般下场。小说结末处说：“丹朱没有死。隔两天开学了，他还得在学校里见到她。”她好像完全退到传庆的对象位置上去了，就像整个世界一样。

第二幅画的是冯碧落与言子夜。关于二人，本文云：“她的前留海长长地垂着，俯着头，脸庞的尖尖的下半部只是一点白影子。至于那隐隐的眼与眉，那是像月亮里的黑影。……她婚前的照片只有一张，她穿着古式的摹本缎袄，有着小小的蝙蝠的暗花。”“言子夜是苍白的，略微有点瘦削，大部分的男子的美，是要到三十岁以后方才更为显著，言子夜就是一个例子。算起来他该过了四十五岁了吧？可是看上去要年轻得多。……那宽大的灰色绸袍，那松垂的衣褶，在言子夜身上，更加显出了身材的秀拔。”

小说写到冯家拒绝言家托人说亲，“然而此后他们似乎还会面过一次。”这幅画里所绘，大约就是当时情景，然而却是多年过后，传庆的一番揣想。碧落即如所保存的照片上那样；子夜却是现在传庆在课堂上所见打扮。当他走上讲台，“传庆这是第一次感觉到中国长袍的一种特殊的萧条的美”。在传庆的头脑中，这个印象与照片里昔日的母亲结合一起了。

碧落早已死了。传庆让她在自己心中复活，其实这个人物就是他自己。“像梦里面似的，那守在窗子前面的人，先是他自己，一刹那间，他看清楚了，那是他母亲。”他把母亲不幸的一生，细细地重活一遍，重温着她的痛苦，“在他母亲心里的一把刀，又在他心里绞动了”。努力找寻摆脱她以及自己的痛苦的可能，“他方才知道：二十多年前，他还没有出世的时候，他有脱逃的希望”。于是他要弥补她当年所失去的机会。这样母亲就又反过来重新活在他身上，他成了“碧落 - 传庆”，一个鬼与人的结合体。

传庆在现实里孤立无援，求助于冥冥之中，目标仍在一己的现实世界。然而死去的碧落能不藉此一舒毕生愤懑。对象是子夜，他那未露面的妻子，他的女儿丹朱——她们一个占了她的位置，一个占了她儿子的位置。末了传庆暴打丹朱，难道其中没有几分她的力气。以传庆的想法，“碧落只爱过他一个人……”冥冥之中，她是死不瞑目的鬼。

可是碧落终究要再次抛弃她的儿子——上一次抛弃他是生下了他——回到自己待久了的地方：“她是绣在屏风上的鸟——悒郁的紫色缎子屏风上，织金云朵里的一只白鸟。年深月久了，羽毛暗了，霉了，给虫蛀了，死也还死在屏风上。”

子夜是传庆唯一能够投靠的所在，现在成了对他的最大压迫。他倾慕子夜，子夜却严厉地训斥他。对传庆来说，问题不在现实之中——这里的子夜，是“一个经历过世道艰难，然而生命中并不缺少一些小小的快乐的人”；问题在于过去。张爱玲笔下有着最严格的因果律，谁也逃脱不了。子夜欠传庆的——传庆的母亲未能和他结婚，所以传庆未能做成他的儿子——应该多少给予补偿。他应该为聂传庆之为聂传庆承担一点责任。“传庆听他这口气与自己的父亲如出一辙，忍不住哭了。”这就是传庆的要求：有一点儿不“如出一辙”就够了。“他不要报复，只要一点爱——尤其是言家的人的爱。”但是子夜做不到，因为他不知道。

"他还记得冯碧落吗？记也许记得，可是他是见多识广的男子，一生的恋爱并不止这一次……"现在他只是个好教授，好父亲——可惜不是传庆的。

然而传庆到底不曾怨恨子夜，这曾经可能成为他的父亲的人。丹朱说："传庆，你若是原谅了他……"实在无知极了；单凭这句话，她就该打杀。在传庆看来，子夜也被禁锢着——被他看不见的言夫人，被他常看见的言丹朱。"言子夜夫人的孩子，看着冯碧落的孩子出丑。"传庆要把他从她们那儿解救出来——同时解救了自己。传庆对丹朱复仇，同时是对她母亲复仇，也是替自己母亲复仇。子夜对他来说，好比就是战场。

《心经》

《心经》原载一九四三年八至九月《万象》第二期、第三期，有插图三幅。第一幅画的是许小寒与段绫卿。本文云："小寒穿着孔雀蓝衬衫与白裤子，孔雀蓝的衬衫消失在孔雀蓝的夜里，隐约中只看见她的没有血色的玲珑的脸，底下什么也没有，就接着两条白色的长腿，她人并不高，可是腿相当长，从栏干上垂下来，格外的显得长一点。她把两只手撑在背后，人向后仰着。她的脸，是神话里的小孩的脸，圆鼓鼓的腮帮子，小尖下巴。极长极长的黑眼睛，眼角向上剔着。短而直的鼻子。薄薄的红嘴唇，微微下垂，有一种奇异的令人不安的美。”“一个颀长洁白，穿一件樱桃红鸭皮旗袍的是段绫卿。”

这里所绘情景是许小寒生日晚会上，她和段绫卿“两人走到一张落地大镜前面照了一照，绫卿看上去凝重些，小寒仿佛是她立在水边，倒映着的影子，处处比她短一点，流动闪烁”。二人面貌相似，衣着不同；镜子里，左边是小寒，右边是绫卿。

小说开头，小寒一连七句话，句句都是“我爸爸”；同学说：“只听见她满口的爸爸长爸爸短。”她爱她爸爸，爸爸许峰仪也爱她——不是父女之爱，而是男女之爱；或者说，父女之爱早已转为男女之爱。“像我这样的家庭，的确是少有的。”在张爱玲笔下并不少有，尽管那是别样的畸形；相比之下，《心经》畸形，并不复杂。

可是小寒二十岁了，危机不期而至。“你怕你长大了，我们就要生疏了。”父女二人俱已感到。“我是一生一世不打算离开你的。”小寒所以如此，因为除了峰仪，她已经不会再爱别人了。“她爸爸就是这条藤，他躲开了她又怎样？”末了她痛苦地对母亲说：“你早也不管管我！”小寒是“神话里的小孩”——自己臆想的“神话”里的“小孩”——一旦面对人间，也就没了退路。怪不得母亲说她“不过是一个天真的孩子”。

小寒不打算离开峰仪，峰仪却未必不打算离开她；她想留住他，想尽一切办法，但却无能为力。小寒丧失了峰仪的爱，也就丧失了一切；唯一存留的是母亲的爱，可是对此她却接受不了。“她犯了罪。她将她父母之间的爱慢吞吞的杀死了，一块一块割碎了——爱的凌迟！”现在那被凌迟的对象重新拼合起来，反过来施爱给她，这才是她人生最大的失败。她对母亲说：“你——你别对我这么好呀！我受不了！我受不了！”

最终小寒还得走上母亲为她安排的出路，因为别无出路；她被送到三舅母那里，正是刚出生时就打算送去的地方。小寒也退回到起点。“定下心来，仔细想想”，兴许还有机会重新活过一生。

绫卿的关键之处，无非两点：一是她和小寒“长得有点像”；一是她的态度：“任何人……当然这‘人’字是代表某一阶级与年龄范围内的未婚者……在这范围内，我是‘人尽可夫’的！”对于这个故事来说，这就够了。

当然绫卿的做法有她自己的缘由：“我是给逼急了……”于是“未婚者”也可以变通为“已婚者”。在许家的情感变故中，她以局外之人，得到了所希望得到的一切；也许事出意外，也许只是暂时如此。但是，“绫卿不会怎样吃苦的。”在张爱玲笔下，绫卿也算健全的人，她的爱未必不是健全的爱。

第二幅画的是许小寒与许峰仪。关于许峰仪，本文云：“她父亲是一个高大身材，苍黑脸的人。”

《心经》所截取的一段，已是小寒与峰仪的故事的尾声。其间他们仍然一再见面，就像别的家庭里的女儿和父亲一样。但是有关文字描述，却无一处与画中所绘情景尽皆相合。第一次，生日晚会之后，小寒送绫卿回来，是在客室，“她父亲已经换了浴衣拖鞋”，而小寒应该仍是小说开始时描写的那身装束，两人的服装都不对。第二次，“第二天，他父亲办公回来了又在沙发上看报，她坐在一旁”，姿势不对；然后她“走到洋台上去”，峰仪“跟到门口去，可是两个人一个在屋子里面，一个在屋子外面”，位置不对；以后小寒“缓缓走到洋台边上”“峰仪跟了出来”，位置不对；以后“峰仪回到屋子里去了”，小寒还在阳台上，位置也不对。第三次，二人先在电梯里见面，位置不对；继而峰仪“往他的书房里去了”，当他要出来时，小寒把他堵在房间内，此后峰仪始终是站着的，姿势不对。画里峰仪显得心事重重，该是在感慨“我但凡有点人心，我怎么能快乐呢”之后。这里小寒一副肉体诱惑的样子，或许并非描摹具体某个场面，而是刻画峰仪的心境。

发现“你们两个人长的有点像”的是峰仪——对他来说，问题一下都解决了。峰仪爱自己的女儿，他说：“我……我们得想个办法。”办法是找个替代物，于是绫卿派了用场。“至于别的女人……她爸爸不是那样的人！”小寒想的既错也对，绫卿并不是一般的“别的女人”。“我是极其赞成健康的，正常的爱。”峰仪话虽这么说，底牌却未亮出：他还爱着女儿，至少爱着她的样子；现在他把绫卿当作小寒来爱。

小寒则被峰仪视如敝屣，从此不管不顾。小寒爱情的车卡住了，开不动了；峰仪爱情的车继续往前开。峰仪是个一意孤行的人，却不打算让自己翻车，甚至不打算从这车上掉下太多东西。“但是我有妻子！” 他没忘记这一点。小寒说：“你哪里有点人心哪——你是个禽兽！”至少对她来说，的确如此。自从绫卿登场，小寒就像是被窃去了灵魂；虽然绫卿与她相仿佛的是肉体，但是峰仪无心辨别了。

相比之下，小寒也找了个替代物龚海立，可是无论对峰仪，还是对她自己，都毫无用处。海立做不了小寒的绫卿。没人要他。

第三幅画的是许小寒与许太太。关于许太太，本文云：“许太太穿了一件桃灰细格子绸衫，很俊秀的一张脸，只是因为胖，有点走了样。眉心更有极深的两条皱纹。”

在杂志里，这幅画原来用作连载的小说下半的题图。或许提示我们，母女俩的关系，才是小说的核心所在。此情此景，最接近结末处小寒“半夜里醒了过来，只见屋里点着灯，许太太蹲在地上替她整理衣箱”；但是许太太手里的东西，又像前面提到的“一卷挑花枕套”。姑且不去计较好了。

画里小寒面对我们，许太太背着身子；小说写到二人，笔墨一浓一淡，恰恰与此相合。但是小寒尽管声张，却是不堪一击；许太太若是转过脸来，我们该看见一副什么表情。开头小寒的同学问：“她母亲呢？还在世吗？”这个人物不彰不显，似乎可有可无；然而渐渐有了力量，最终控制局面的竟是她。为此蛰伏了许久，也蕴蓄了许久，用她的话说：“比这个难忍的，我也忍了这些年了。”她忍的是自己的女儿。小寒说：“你别得意！别以为你帮着他们来欺负我，你就报了仇——”谁敢断言一点没有让她说着。许太太比谁都有定力，头脑永远清楚。

然而许太太“两害之间取其轻”，而且害就是利：得以从此救出女儿。作为母亲，也是理当如此。《心经》是张爱玲离人之常情最远的作品，但在这一点上，她也写出人之常情。另外对于小寒“你以为绫卿真的爱上了你？……你别以为她是个天真的女孩子！”的判断，许太太未必没有同感。真的与假的若让她挑选——其实她无从挑选，只是不加干预罢了——她宁肯要那假的。因为假的后面还有希望："爱，也不过短短的几年。"过了这"短短的几年"，不爱的日子都属于她。小寒说："她们只是爱着同一个男子的两个女人。"对她来说是如此；对许太太来说，未必完全着调。

峰仪告诉小寒："二十年了……你生下来的时候，算命的说是克母亲，本来打算把你过继给三舅母的，你母亲舍不得。"许太太哪儿知道，竟是这种克法。最终倒是天遂人愿，大家都去做早该做的事；只是二十年白白过去了。

《倾城之恋》

《倾城之恋》原载一九四三年九至十月《杂志》第十一卷第六期、第十二卷第一期，有插图三幅。其中两幅画的都是白流苏，一是她的头像，在小说开始部分："她那一类的娇小的身躯是最不显老的一种，永远是纤瘦的腰，孩子似的萌芽的乳。她的脸，从前是白得像磁，现在由磁变为玉——半透明的轻青的玉。下颔起初是圆的，近年来渐渐的尖了，越显得那小小的脸，小得可爱。脸庞原是相当的窄，可是眉心很宽。一双娇滴滴、滴滴娇的清水眼。”

白流苏跟徐太太谈话后，“上了楼，到了她自己的屋子里，她开了灯，扑在穿衣镜上，端详她自己”。这就是她的所见。对于流苏来说，有如一番自省；此前此后，完全是两个人。

小说中流苏出场很早。徐太太晚上来访，“洋台后面的堂屋里，坐着六小姐，七小姐，八小姐，和三房四房的孩子们，这时都有些皇皇然。”混在人群里面，流苏原本浑浑噩噩，却也无须单独面对什么。前夫死讯传来，她突然被推了出去，面临空前的生存危机：“这屋子里可住不得了！……住不得了！”她得想想自己剩下什么条件，能够应付这一切。“还好，她还不怎么老。”流苏的过人之处，是该明白时能明白。“他们以为她这一辈子已经完了么？早哩！”她后来这么想；可是原先她跟“他们”的想法一样，曾亲口说：“我这一辈子早完了。”反正自此之后，一切不同以往。“她忽然笑了——阴阴的，不怀好意的一笑，……”无异宣布开始一场“流苏之战”或“婚姻之战”。正如徐太太所说：“找事，都是假的，还是找个人是真的。”那么目的就很明确：流苏要让一切落到实处。“一个女人，再好些，得不着异性的爱，也就得不着同性的尊重。”且先踏踏实实从这第一步做起。

小说中引发危机的是徐太太，带来转机的也是她。“转机”就是把别人的机会转到自己这里，流苏做的确实令人“刮目相看，肃然起敬”。她发现自己的长处不止“还不怎么老”——其实那也就是成熟，范柳原取她而舍宝络，与此当不无关系；她还会跳舞，白家别人没有这副交际手段。这是她那失败了的婚姻尚且留下的遗产之一，此外就是“还不怎么老”的自己，以及她足够的生存智能。流苏“也是喜欢赌的”；能派用场的，这回都押上了，似乎有希望赢得一个小小的天下——流苏所要求的，对这世界来说不多，对她来说却也不少。

流苏遇见的是柳原；幸与不幸，都在这里。柳原单身，阔绰，有眼光，有品位；流苏要的他都能给，他却只给他肯给的。“他要她，可是他不愿意娶她。”柳原爱玩的是“上等的调情——顶文雅的一种”，为此可以不计成本；金钱，时间，精力，他有的是。然而这绝非流苏的目的所在，她不能降格以求，“她如果迁就了他，不但前功尽弃，以后更是万劫不复了。”“你也顽固，我也顽固，”他人眼里，二人似乎在没完没了调情；其实他们是守住自己的立场，“两方面都是精刮的人，算盘打得太仔细了，始终不肯冒失。”

流苏花的是柳原的钱；她也可以拼着精力，但拼不起时间：“她可禁不起老！”不能落实，她怕一概落空。流苏绝非等闲之辈，可是她去香港，回上海，再去香港，哪一步都谈不上主动。这里看出她有她的限度——当然换一个人更是这样。掌握主动权的始终是柳原。待到流苏终于成了情妇角色，心想：“……她跟他的目的究竟是经济上的安全。这一点，她知道她可以放心。”张爱玲差不多已经讲完了一个不甘沉沦的女人——正对应着那句话：“一个女人，再好些，得不着异性的爱，也就得不着同性的尊重。”——无可奈何地走向失败的故事。“她管得住她自己。但是……她管得住她自己不发疯么？”流苏几乎就要踏上《传奇》中其他人物的路了。

另一幅是白流苏的泳装半身像。小说写流苏和范柳原在浅水湾海滩上晒太阳，然而这幅画却难以确切对应某一处具体文字。开始时“他们并排坐在沙上”，图中所绘，显然不是“坐”；多半还在柳原说“我们可以到凉棚底下去”之后，或许那时流苏躺下了也未可知。但是图中所绘并无背景，也就不能坐实。这里流苏眼睛闭着，该是晒太阳，不像打蚊子。原文关于后者颇有一番描写，然而无法利用。

他们晒太阳时，“流苏渐渐感到那怪异的眩晕与愉快”。大概这里所画，就是此时柳原所“感到”的流苏，或许与此前有关她的想法也相去不远：“有的人善于说话，有的人善于笑，有的人善于管家，你是善于低头的。”“你看上去不像这世界上的人。你有许多小动作，有一种罗曼谛克的气氛，很像唱京戏。”他当然知道她的好处，但这是对他而言的好处，而不是对她自己而言的好处。

柳原说过：“无用的女人是最最厉害的女人。”流苏淋漓尽致地向他展示了自己“最最厉害的女人”的一面，亏得他真喜欢她，也真喜欢玩，能够受得了。可待到流苏再回香港，好事做成，她也就剩下“无用的女人”的一面了。柳原说流苏“特长是低头”；“低头”于“最最厉害的女人”或为手段，于“无用的女人”则是实情。然而“柳原是一个没长性的人”，“上等的调情”结束了，他也该走了——也许下一场戏在等着他。

也许此前柳原不该无端发些议论：“有一天，我们的文明整个的毁掉了，什么都完了——烧完了，炸完了，坍完了，……流苏，也许你会对我有一点真心，也许我会对你有一点真心。”真是一语成谶。以为“这一天”遥不可及，谁知就落在柳原行将离开流苏之际。“这一炸，炸断了多少故事的尾巴！”别人的事不管，流苏确实如此。“香港的陷落成全了她。”这叫做“人算不如天算”。其实流苏早已无所作为，随波逐流，现在与从前倒也相差无几；关键是连柳原也不能有所作为了。柳原“终身躲在浪荡油滑的空壳里”（《关于〈倾城之恋〉的老实话》），可“空壳”忽然打破，他“躲”不住了。对于柳原来说，这是一个有关自由的限定性的故事：人太随心所欲了，也就不能落到实处；而柳原不能落到实处，流苏也不能落到实处。

当然人的感受有所不同。“在这一刹那，她只有他，他也只有她。”“在这动荡的世界里，钱财，地产，天长地久的一切，全不可靠了。靠得住的只有她腔子里的这口气，还有睡在她身边的这个人。”这是张爱玲写过的最结实的话。这样的意思，从前柳原想不到，因为他太得意；流苏即便想到了，也没用处。流苏的好处，在于此时此刻能够呼应或契合柳原——所谓“一刹那的彻底的谅解”——这也是难能可贵的。

故事结末处说：“流苏并不觉得她在历史上的地位有什么微妙之处。”张爱玲说：“流苏实在是一个相当厉害的人，有决断，有口才。”（《关于〈倾城之恋〉的老实话》）可是取得成功，并非真正依靠这些。“流苏的失意得意，始终是下贱难堪的，如同苏青所说：‘可怜的女人呀！’”（《罗兰观感》）她不过是“可怜的女人”中的一个幸运者而已。“也许就因为要成全她，一个大都市倾覆了。”然而谁敢把她奉为楷模。“柳原与流苏的结局，虽然多少是健康的，仍旧是庸俗；就事论事，他们也只能如此。”（《自己的文章》）但是流苏不管这些。“柳原现在从来不跟她闹着玩了，他把他的俏皮话省下来说给旁的女人听。”仿佛接着走上曾经被战争所阻断的旅途；流苏也不管这些，他给她留下她想要的一切就行了。

还有一幅，画的是萨黑荑妮的侧面像。本文云：“流苏先就注意到那人的漆黑的长发，结成双股大辫，高高盘在头上。那印度女人，这一次虽然是西式装束，依旧带着浓厚的东方色彩。玄色轻纱氅底下，她穿着金鱼黄紧身长衣，盖住了手，只露出晶亮的指甲。领口挖成极狭的V形，直开到腰际，那是巴黎最新的款式，有个名式，唤做‘一线天’。她的脸色黄而油润，像飞了金的观音菩萨，然而她的影沉沉的大眼睛里躲着妖魔。古典型的直鼻子，只是太尖，太薄一点。粉红的厚重的小嘴唇，仿佛肿着似的。”

这是流苏被柳原带出香港饭店，迎面看到的萨黑荑妮的样子。柳原认识她尚在与流苏相会之前，与她“厮混”却好像是在此后；“厮混”与“上等的调情”区别何在，无从得知，然而有一次柳原对流苏说：“我看你从今以后是不是预备待我好一点。”至少他要藉此惹得流苏“吃醋”。这也就是萨黑荑妮在小说里的真正用处，除此之外，顶多算是流苏的一个替代物罢。

但是萨黑荑妮的下场，却比流苏差得太远。她和柳原一样都是盛世的人，不像流苏，等到乱世才能发迹。盛世的人在乱世都沉了底。然而柳原是男人，又有钱；沉底之后，正好与流苏结为“平凡的夫妻”。乱世过去，他还可以浮上来；只不过身为“有妇之夫”，不能再玩得过头罢了。萨黑荑妮这样的女人，可就沉入了无底深渊。柳原见着萨黑荑妮，想起该和流苏结婚，大概忽然对人生有所感悟——他明白流苏何以非得要让一切落实不可了。

《琉璃瓦》

《琉璃瓦》原载一九四三年十一月《万象》第五期，有插图两幅，其一画的是琤琤：“三朝回门，琤琤卸下了青狐大衣，里面穿着泥金缎短袖旗袍。人像金瓶里的一朵栀子花。淡白的鹅蛋脸；虽然是单眼皮，而且眼泡微微有点肿，却是碧清的一双妙目。”其一画的是曲曲：“曲曲比琤琤高半个头，体态丰艳，方圆脸盘儿，一双宝光璀璨的长方形的大眼睛，美之中带着点犷悍。”

这里琤琤也好，曲曲也好，都是父亲姚先生眼中所见；姚先生生养女儿，目的全在“她们的前途”，亦即出嫁。所以哪个女儿结了婚，或该结婚了，他就看到她，无论琤琤，还是曲曲。她们还有妹妹心心，张爱玲没画，大概姚先生已经顾不上细细端详了。

张爱玲写这篇小说，笔调有些变化：不再与人物那么切近，而是俯瞰他们的喜怒哀乐。都是些凡夫俗子；喜怒哀乐是他们的人生大事，于这世界则微不足道。通篇最重的是末了一笔："他想他活不长了。"然而姚先生离死还远，这里所有的人离死都还远。走向人生时，琤琤和曲曲都不免自负使气；可谁知道什么样的结局在等着她们。有朋友说，"《琉璃瓦》中的人物看了是令人不关心的，一群文字所引发的就那么一点点同情，就给那个做爹的好了。"姚先生在看他的女儿们，现在让我们来看他。

小说开头，有段话近乎命题："女儿是家累，是赔钱货，但是美丽的女儿向来不在此例。姚先生很明白其中的道理；可是要他靠女儿吃饭，他却不是那种人。"然而其间的因果关系却不比寻常：要先坐实了后面一句，前面一句才能成立。"关于她们的前途，他有极周到的计画。"可是姚先生没想到，谁也不相信他。女儿们——以及女婿之流——认为，"极周到的计画"多半只关乎他自己的前途，没准反倒因此害了她们。琤琤只记住当初他所打的保票；曲曲则断言："你道我摸不清楚你弯弯扭扭的心肠！"自始至终，姚先生都不被人理解，“白操了半天心”。“美丽的女儿”对他来说，到底还是“家累”，还是“赔钱货”。

张爱玲以近乎轻松的笔调，写了“可怜天下父母心”这个大题目。她曾说，所写的作品中，“她自己最不惬意的是《琉璃瓦》和《心经》，前者有点浅薄，后者则是晦涩。”（《〈传奇〉集评茶会记》）可是也不妨引她别的话来辩解：“我对于通俗小说一直有一种难言的爱好；那些不用多加解释的人物，他们的悲欢离合。如果说是太浅薄，不够深入，那么，浮雕也一样是艺术呀。”（《多少恨》）至于《琉璃瓦》是否“通俗小说”，姑且不论。

其实我们未必不能多个想法：刚刚嫁琤琤时，或者更早些，姚先生夸耀自己的女儿是“琉璃瓦”时，难道他真的一点没替自己打算。——即便有过，也让后来一而再的不如意打消掉了。姚先生是平民里的圣人，他的宝贝女儿们最终使他纯洁得几乎透明。再看末了那句：“他想他活不长了。”记得当初他何其生意盎然，踌躇满志；想来除了“可怜”二字，没有别的话好形容了。

《金锁记》

《金锁记》原载一九四三年十一至十二月《杂志》第十二卷第二、三期，有插图四幅。第一幅题“曹七巧”。起坐间里，“众人低声说笑着，榴喜打起帘子，报道：‘二奶奶来了。”大家见到的曹七巧，就是这副模样。如本文所描写的：“那曹七巧且不坐下，一只手撑着门，一只手撑住腰，窄窄的袖口里垂下一条雪青洋绉手帕，身上穿着银红衫子，葱白线镶滚，雪青闪蓝如意小脚裤子，瘦骨脸儿，朱口细牙，三角眼，小山眉，四下里一看，……”

七巧未及登场，谁都不说她一句好话；此后她也始终不打算给人留下任何好印象。张爱玲说：“我的小说里，除了《金锁记》里的曹七巧，全是些不彻底的人物。”（《自己的文章》）“彻底”亦即“彻底破坏”——破坏一切，包括自己在内。然而在七巧成为二奶奶后的第一阶段——也就是拥有自己的财产之前——她的破坏尚且缺乏方向，不能算是“彻底”；小说讲她“嘴这样敞，脾气这样燥”，“人缘这样坏”，无非随便找个由头出口怨气罢了。

这一阶段，主要还是七巧被破坏或被造就的阶段。她不住诉说自己的苦，可是姜家上下好像没人要听；他们接纳她，容忍她，就是要她受这苦的。这是一种契约关系。对此她心里明白，只是感官忍受不了——忍受不了，也得忍受。她确实“满腔幽恨”。当她提到自己的丈夫：“你碰过他的肉没有？是软的、重的，就像人的脚有时发麻了，摸上去那感觉……”那一刻她才在我们眼前坐实了。以后许多人，包括七巧在内，都要为她受过的感官之苦付出代价；七巧还是从前那颗心，感官却已死了。她这才变得“彻底”了。

“七巧有一个疯子的审慎与机智。”这是后话；七巧愈来愈成为“一个疯子”，她的“审慎与机智”却一贯如此。她知道自己付出了什么代价；她也知道付出这些代价，是要换来什么。分家“是她嫁到姜家来之后一切幻想的集中点”，却归结为“孤儿寡母还是被欺负了”；然而这是七巧的感受，她当然不满足了。的确少分得几件首饰，但就此打消了觊觎她田产的“主意”，难道不算丢卒保车。七巧岂是寻常“孤儿寡母”，由人“欺负”。

“这些年了，她戴着黄金的枷锁，可是连金子的边都啃不到。这以后就不同了。”七巧得到了她应该得到的，她要保住它不被夺去；她的第二阶段由此开始。终于有了破坏对象：破坏那企图破坏她的——也就是说，算计她的。不幸这人是姜季泽。“无论如何，她从前爱过他。……多少回了，为了要按捺她自己，她迸得全身的筋骨与牙根都酸楚了。”破坏他，也就成了破坏自己；七巧把两个人的希望——虽然那是多么不同的希望——一下子都断送了。“归根究底，什么是真的？什么是假的？”归根究底，她不能为了假的希望，付出真的代价。从此“七巧与现实失去了接触”，她关上了通往世界的门；接下来该收拾关在门里边的了。那是她的儿女。难道她一生的代价——包括这回付出的代价——不也是为了他们。

在这最后阶段，她的举止，只有“疯狂”二字可以形容。对儿子，七巧毁灭他领进门来的人——他的媳妇和妾；对女儿，七巧阻止她走出门去。“三十年来她戴着黄金的枷。她用那沉重的枷角劈杀了几个人，没死的也送了半条命。”牺牲的是这些人，七巧厮杀的对象却是一个幻影；所以最终她也不无失落之感，然而她没有选择余地。“世舫回过头去，只见门口背着光立着一个小身材的老太太，脸看不清楚，穿一件青灰团龙宫织缎袍，双手捧着大红热水袋，身旁夹峙着两个高大的女仆。门外日色昏黄，楼梯上铺着湖绿花格子漆布地衣，一级一级上去，通入没有光的所在。”对比地看画中所绘的从前那张鲜明的脸，好像已经遥不可及了。

现实之中，七巧没有选择余地；现实之外——对她来说，那是偶尔浮现的记忆断片——倒也不无可能造就另外一个七巧：曾经有过喜欢她的人，“如果她挑中了他们之中的一个，往后日子久了，生了孩子，男人多少对她有点真心。”不过这更加遥不可及，甚至不足以抚慰七巧自己。从前她嫂子说：“我们这位姑奶奶怎么换了个人？”时过境迁，就更找不回原来那个七巧了。对她来说，表现的“彻底”也许超过了内在的“彻底”，然而最终二者已经不可区分。只有站在人世之上，才能同情她，原宥她。这大概也是“彻底”的代价罢。

七巧的“彻底”止于她的死；她不过是疯子，是人世间的鬼，如此而已。“七巧的女儿是不难解决她自己的问题的。”小说收束于有关姜长安的一个谣言，似乎郁积多年，终于对七巧有所报复——当然是在她死了之后。

第二幅题“姜季泽”。还是起坐间，季泽也登场了。“季泽是个结实小伙子，偏于胖的一方面，脑后拖一根三股油松大辫，生得天圆地方，鲜红的腮颊，往下坠着一点，青湿眉毛，水汪汪的黑眼睛里永远透着三分不耐烦，穿一件竹根青窄袖长袍，酱紫芝麻地一字襟珠扣小坎肩，……”

季泽是个爱玩的人，玩到自己几乎倾家荡产，可他并未忘记游戏规则。当初七巧追求他，他退缩了，这是规则使然；后来他上门来追求七巧，也是规则使然。“归根究底，什么是真的？什么是假的？”这是七巧不能逾越之处，季泽对此却不打算加以分辨。他是逢场作戏的人，可以做到“有条不紊”、“筹之已熟”。七巧想：“他太会演戏了，也跟真的差不多罢？”季泽自己多半也这么想。他是浮泛的，也是安全的——有游戏规则保护着他。

然而七巧有七巧的规则。她的规则与公认的规则只在起始一点——当她被纳入公认的规则之时——重合，之后就分道扬镳。七巧担心季泽骗他，知道季泽骗他，也等着季泽骗她——她要他骗得她不知道。别说季泽没有这番伎俩，谁也没有。所以季泽碰了壁——他并不怕碰壁，不过不是这个碰法。他穷，还有面子。我们听见他最后说：“等白哥儿下了学，叫他替他母亲请个医生来看看。”也许这是他说过的唯一一句真话。他第一个明白七巧疯了。季泽所受打击太大，再也不能回头。

季泽对于七巧一度还是“一点温柔的回忆”，以后褪色了，暗淡了，消逝了。虽然时而传来零星消息：好像他还在玩，玩了一生。

第三幅题“芝寿”。是她与姜长白婚礼上的样子：“行的是半新式的婚礼，红色盖头是蠲免了，新娘戴着蓝眼镜，粉红喜纱，穿着粉彩绣裙袄。……‘皮色倒还白净，就是嘴唇太厚了些。’”

大家看到新娘子，有人说：“说是嘴唇厚的人天性厚哇！”——“天性厚”的女人，对于未来应该不无憧憬：纵或不奢求幸福，至少希望平安活过一生。然而好景不长，只在七巧对她“看了一看”之前。“人丛里的新娘子的平板的脸与胸震了一震——多半是龙凤烛的火光的跳动。”也许那一刻她看到了等待自己的将是什么命运。

当然结果远远超出她的想象。遑论幸福平安，命都没了。在七巧“用那沉重的枷角劈杀了几个人”当中，芝寿真正无辜：这位“袁家的小姐”是外来者，是特地赶来送死的人。“……这是个疯狂的世界，丈夫不像个丈夫，婆婆也不像个婆婆。不是他们疯了，就是她疯了。”七巧母子根本没有别种选择，别种可能；芝寿却未必明白，这一切何以如此，自己又何以如此。

关于她，小说中另有一番描绘：“芝寿直挺挺躺在床上，搁在肋骨上的两只手蜷曲着像死去的鸡的脚爪。”相同的话，前后重复过两次：先是在七巧霸占儿子晚上时间之后不久，后是在芝寿死前半个月。这大概才是她在姜家的真正形象——多少不眠之夜里，那与命运、与自己无谓挣扎着的女人。她的结局是：“然而芝寿不再抗议了，……她并没有死——又挨了半个月光景才死的。”她太冤了，她不甘心。

芝寿还有个替身绢姑娘——先是姜长白的妾，后来扶了正；也是送死的人，下场还不如她。

第四幅题“姜长安”。本文有云：“赴宴的那天晚上，长馨先陪她到理发店去用钳子烫了头发，从天庭到鬓角一路密密的贴着细小的发圈。耳朵上戴了二寸来长的玻璃翠宝塔坠子，又换上了苹果绿乔琪纱旗袍，高领圈，荷叶边袖子，腰以下是半西式的百褶裙。……世舫多年没见过故国的姑娘，觉得长安很有点楚楚可怜的韵致，倒有几分喜欢。”

相亲之日，长安变了样儿，心境也有些不同；她终于得到机会，好像也能像正常人那样活一次了。她居然遇上童世舫——一个实实在在的好人，有几分像战乱之后的范柳原，但比他老实得多；也是活得累了，“有个人在身边，他也就满足了。”把长安的缺点都看成了优点。张爱玲笔下，难得给一个人物像长安这么多机会，这么多同情；然而最后又剥夺得这么干净彻底。

长安并非资质多好的女人，甚至不是可爱的女人；已经被母亲调理坏了，“谁都说她是活脱的一个七巧”。可是她对人生也有一点小小的、几乎微不足道的希冀，一点近乎本能的企求。七巧回想往事：“如果她挑中了他们之中的一个，往后日子久了，生了孩子，男人多少对她有点真心。”唯有那一刻她与女儿心灵相通。然而这对七巧太遥远了，几乎全无可能；长安却是交臂失之，我们能不替她惋惜。这可怜巴巴的女人，甚至为此努力要把自己变得好些，和她的爱人多少相配些，——假若他们真能如愿成亲，世舫恐怕也不会太过失望罢。张爱玲塑造长安时，心最软；但又最硬，最狠。

七巧活到人生尽头，回首拾拣一点记忆；长安则想把一点记忆，维持到人生尽头。不能活得实在，活成虚幻也好；虚幻也比一片空白要强。所以她总是抢在母亲前面，自己断送自己："这是她生命里顶完美的一段，与其让别人给它加上一个不堪的尾巴，不如她自己早早结束了它。"先是退学，后是退婚，长安被七巧追赶着，一步步退到"没有光的所在"。然而七巧断送得了她，断送不了她已经过去的梦；长安躲在自己的记忆里，那是七巧唯一不能侵犯之处。长安是懂得珍惜的；只是所得太少，恐怕不够漫长一生受用："……不多的一点回忆，将来是要装在水晶瓶里双手捧着看的——她的最初的也是最后的爱。"

而在另一个人心里，长安已经被七巧的"审慎与机智"彻底埋葬了。"他的幽娴贞静的中国闺秀是抽鸦片的！"世舫忘了她还好；如果记住，一准"往事不堪回首"。而他呢，谁知道跌这一跤，能否再爬起来。又一个不明就里、企图进入“疯狂的世界”的人——世舫比长安还要可怜。

《年青的时候》

《年青的时候》原载一九四四年二月《杂志》第十二卷第五期，有插图一幅，题为“沁西亚”。沁西亚的这幅肖像，是学生休息室中潘汝良眼中所见：“她放下报纸，翻到另一页上，将报纸折叠了一下，伏在台上看。头上吊下一嘟噜黄色的鬈发，细格子呢外衣。口袋里的绿手绢与衬衫的绿押韵。……口鼻间的距离太短了，据说那是短命的象征。……她的头发黄得没有劲道，大约要借点太阳光方才是纯正的，圣母像里的金黄。唯其因为这似有如无的眼眉鬈发，分外显出侧面那条线。”

假如涂去画中的头发眼眉，就是潘汝良在书头上一再画的那个“小人”了：“可是铅笔一着纸，一弯一弯的，不由自主就勾出一个脸的侧影，永远是那一个脸，而且永远是向左。”附带说一下，此篇还有幅很小的题图，画的是个踮起脚来采花的女孩，如同《杂志》其他类似题图一样，并非张爱玲的手笔，但却描绘了汝良心中沁西亚形象的演进——其中只有她的脸是清晰的。

汝良是理想家，这个世界几乎令他深恶痛绝；他的理想有条有理，像教科书，像他热中的“现代科学”。但是还有什么——他画的“小人”透露了一点消息——超出所有这些之上，而又深藏在他心底，自己看不见的地方：“他不会画眼睛同嘴，除了这侧面他什么都不会画。”可是遇到沁西亚，就忽然变得活生生了。“他再也没想到过，他画的原来是个女人的侧影，而且是个美丽的女人。”她是他理想的梦，也是欲望的梦——他的欲望也是纯洁的，有如他的理想。

“沁西亚至少是属于另一个世界里的。”而“另一个世界”是属于汝良的。“他从心里生出一种奇异的喜悦，仿佛这个人整个是他手里创造出来的。她是他的。”汝良喜欢“年青的时候”，因为“只有年青人是自由的”——他可以俯看这个世界，平视自己对这个世界的理想，仰望“另一个世界”。“他愿意他再年青几年。”

不过在汝良眼中，沁西亚很快变了样子。再次遇到她时，“现在他所看见的是一个有几分姿色的平凡的少女，头发是黄的，可是深一层，浅一层，近头皮的一部分是油腻的栗色。”汝良终于知道原来有两个沁西亚——一个在他心里，一个在他眼里；前者属于“另一个世界”，而后者生活在这个世界。“她是个血肉之躯的人，不是他所做的虚无飘渺的梦。”所以，“他并不愿意懂得她，因为懂得她之后，他的梦做不成了”。

“汝良自己已经是够傻的，为恋爱而恋爱。难道他所爱的女人竟做下了更为不可挽回的事么——为结婚而结婚？”她确实如此。她没有办法。当汝良在这个世界里看不见“另一个世界”的她时，他宁肯把她留在“另一个世界”；然而沁西亚却在这个世界里跌落，跌落……最后一次见面，她大病了一场，已经惨不忍睹：“沁西亚在枕上两眼似睁非睁蒙蒙地看过来。对于世上一切的漠视使她的淡蓝的眼睛变为没有颜色的。她闭上眼，偏过头去。她的下巴与颈项瘦到极点，像蜜枣吮光剩下核，核上只沾着一点毛毛的肉衣子。”残酷得令人觉得没有意思，觉得无话可说。与张爱玲笔下别的女人不同——她们多少有些咎由自取——沁西亚对于人生并不抱什么期望，但是她与她们同样不幸。汝良可以同情她，怜悯她；他却无法这样去面对

“另一个世界”。他不能俯视那对他来说只能仰望的所在。

沁西亚既是无助的，也是无辜的——她对汝良如何想法，对自己在汝良心中如何从“另一个世界”跌到这个世界，始终一无所知。然而小说开头写道：“他冷眼看着他们，过度的鄙夷与淡漠使他的眼睛变为淡蓝色的了，”现在则形容沁西亚：“对于世上一切的漠视使她的淡蓝的眼睛变为没有颜色的。”似乎由汝良所开始的，注定要由沁西亚结束。她对这个世界失望，而他对“另一个世界”就像对这个世界一样失望。沁西亚根本不属于“另一个世界”——这并不是她的错，因为“另一个世界”根本就不存在。“汝良从此不在书头上画小人了。”他也跌回这个他一向避之惟恐不及的世界——或许他所有的理想也一并丢失了罢。最可怜的不是沁西亚，而是潘汝良。

《〈传奇〉集评茶会记》介绍张爱玲的意见：“她又说人家欢喜她的《金锁记》和《倾城之恋》，可是她自己最欢喜的倒是《年青的时候》。”这是一篇“成长小说”；但当汝良告别“年青的时候”，他只是丧失了一些东西。一切都在人力之外，一切都无可挽回，就像艾略特在《空心人》中写的：

世界就是这样告终

世界就是这样告终

世界就是这样告终

不是嘭的一响，而是嘘的一声。

《花凋》

《花凋》原载一九四四年三月《杂志》第十二卷第六期，有插图两幅。第二幅题为“郑先生与郑夫人”。本文有云：“郑先生长得像广告画上喝乐口福抽香烟的标准上海青年绅士，圆脸，眉目开展，嘴角向上兜兜着，穿上短裤子就变了吃婴儿药片的小男孩，加上两撇八字须就代表了实时进补的老太爷，胡子一白就可以权充圣诞老人。”“她总是仰着脸摇摇摆摆在屋里走过来，走过去，凄冷地磕着瓜子——一个美丽苍白的，绝望的妇人。”这里画的，大概是中秋节章云藩来郑家吃晚饭时所见二人形象。其实不论何时，他们夫妇都是这样：彼此全无协调之处，惟有冲突不断；仿佛上帝把他们安排在一起，就是要制造混乱似的——虽然也不至于有多大的混乱。

与郑家多少类似的是《琉璃瓦》里的姚家，因为大家都是芸芸众生；但是郑先生与郑夫人心思更加散漫，处事更不搭调，所以只剩下荒唐与滑稽了。他人或觉难堪，或看热闹；然而郑先生与郑夫人又能怎样。“我爹其实不过是小孩子脾气。我娘也有她为难的地方。”他们个人的烦恼——且不管是否真的需要烦恼——自己已经难以应付。某些时候，或许又愿意活得戏剧化一点儿，否则人生没有滋味。他们这样活过来了，还要这样活下去。

“郑先生是连演四十年的一出闹剧，他夫人则是一出冗长单调的悲剧。”这一家人的生活，好比闹剧与悲剧同台演出。郑先生与郑夫人构成郑川嫦自己那一出短短的剧的背景——一个无关紧要的背景，但她一辈子摆脱不了。

川嫦的病，死，似乎改变了一点儿郑家戏剧的色调；但也是有限的，暂时的。郑先生与郑夫人较之此前或许并无两样，他们自会应付一切。他们有情，但也寡情；一如整个人间，漠视着川嫦的夭亡。毕竟大家都是芸芸众生。

第一幅题为“郑川嫦（病中）”。标明“病中”，显系强调。“她的肉体在他手指底下溜走了。她一天天瘦下去。她的脸像骨架子上绷着白缎子，眼睛就是缎子上落了灯花，烧成两只炎炎的大洞。”川嫦这样子，云藩看在眼里，她自己更看在眼里。川嫦病了许久了。

也许这幅画像，应该与健康时的她作一对比：“川嫦从前有过极其丰美的肉体，尤其美的是那一双华泽的白肩膀。然而，出人意料之外地，身体上的脸庞却偏于瘦削，峻整的，小小的鼻峰，薄薄的红嘴唇，清炯炯的大眼睛，长睫毛，满脸的‘颤抖的灵魂’，充满了深邃洋溢的热情与智能，像《魂归离恨天》的作者爱米丽·勃朗蒂。”然而这已一去不复返了。

川嫦还在继续病下去，病到不堪入目：“她爬在李妈背上像一个冷而白的大白蜘蛛。”当她对母亲哭道：“娘，我怎么会……会变得这么难看了呢？’”我们知道她是完了。

川嫦的悲剧大率如此——一出没有任何人为因素的悲剧，一出纯粹的悲剧。这与她母亲所谓“悲剧”完全两样，没有“戏剧化的，虚假的悲哀”；然而更不是“最完美的悲哀”——她的悲哀恰恰在于从来就不完美。川嫦不断丧失，丧失，失去她尚且不曾拥有的东西，直到丧失一切。这是一出关于一无所有者被剥夺的悲剧。

川嫦对于幸福是有预期的，有准备的——她那莫名其妙的家庭给过她这种教育。她遇到云藩，又是一个老实厚道的人。“也许为来为去不过是因为他是她眼前的第一个有可能性的男人。可是她没有比较的机会，她始终没来得及接近第二个人。”然而川嫦别无所求。她有可能活过平淡无奇的一生——“以后预期着还有十年的美，十年的风头，二十年的荣华富贵。”平淡无奇的幸福，将会使她感到满足。川嫦像张爱玲笔下多数角色一样，也有好的开端；但也像其中绝大多数一样，没有好的结局。只是川嫦这个开端太短了，短到好像根本不是开端。而川嫦的病，死，对于这个世界来说，仍然是平淡无奇的。

小说开头，作者断言：“……全然不是那回事。”乃是针对川嫦的“行述”中一再提到的“爱”而言。的确有人爱过她——确切地讲，准备爱她；但是这爱对爱的人来说未及出发，对被爱的人来说不曾抵达。“她是没点灯的灯塔。”没点燃的是爱情之灯，人生之灯。川嫦和云藩的关系是微妙的——与其说是爱情，不如说是对爱情的预感；仅仅感觉对方存在罢了，彼此尚未有所呼应。就像川嫦想的：“这一点接触算什么！”而当她在病中怅惘于“从前一直憧憬着的接触……”时，已经无法企及。对于所期待的一切——爱情，人生，世界——其实川嫦从未真正接触。她被阻拦于边界之外；在那里，她被摧残，被毁灭。

川嫦这点憧憬，乃是她的生命、她的世界一线之所系。“她心里的云藩是一个最合理想的人。”“然而现在，她一寸一寸地死去了，这可爱的世界也一寸一寸地死去了。”对病中的川嫦来说，“最合理想的人”便是“这可爱的世界”的化身，代表，甚至全部。“他说过：‘我总是等着你的。’言犹在耳，可是也怨不得人家，等了她快两年了，现在大约断定了她这病是无望了。”她明白“这可爱的世界”是无望了。

“川嫦自己也是这许多可爱的东西之一；人家要她，她便得到她所要的东西。”然而即便“人家”不要她了，也不应该随便找个人来顶替；所以见着云藩新的情人余美增时，川嫦甚感“愤懑不平”。“这可爱的世界”何以一定要阻拦、摧残和毁灭“也是这许多可爱的东西之一”的川嫦，个中缘由，她至死不能明白。当小说写到“她的自我表现观念逐渐膨胀”，实际上川嫦已经孤立无援，身陷绝境。

也许她一生的真正对手是时间——相对于此前此后太长的空白，真正有内容的一刻实在太短了，短到不堪回首。当川嫦终于认可生命的这一节奏，并试图就此找到立足之地——基于绝望，甚至能够“也很乐观”——她的死期到了。

《红玫瑰与白玫瑰》

《红玫瑰与白玫瑰》原载一九四四年五至七月《杂志》第十三卷第二、三、四期，有插图五幅。第一幅题为“玫瑰”。“她那棕黄色的脸，因为是长圆形的，很像大人样，可是这时候显得很稚气。……她的短裙子在膝盖上面就完了，露出一双轻巧的腿，精致得像橱窗里的木腿，皮色也像刨光油过的木头。头发剪得极短。脑后剃出一个小小的尖子。没有头发护着脖子，没有袖子护着手臂，她是个没遮拦的人，……”这是玫瑰给佟振保留下的印象，但并非他们最后分手那一次——汽车里“振保把手伸到她的丝绒大衣底下去搂着她”，装束与画中有所不同。

玫瑰天真，单纯，无遮无拦，“不过是个极平常的女孩子”——她的可爱之处就在这里；振保也因此爱她，拒绝她，为拒绝她懊悔终生。“这样的女人，在外国或是很普通，到中国来就行不通了。把她娶来移植在家乡的社会里，那是劳神伤财，不上算的事。”振保想的也许不错。他娶了玫瑰，未必幸福；不娶玫瑰，注定不幸。

玫瑰的确是振保的“不要紧的女人”，二人的关系早已了断。玫瑰爱他，多半因为年轻，不懂事，为爱而爱——她因“知道已经失去他”而产生的“绝望的执拗”，未必能保持多久；从此不知去向的她，未必还记得这个男人。然而振保忘不了她——因为她，更因为他那样对她：“因为这初恋，所以他把以后的两个女人都比作玫瑰。”“想到玫瑰，就想到那天晚上，在野地的汽车里，他的举止多么光明磊落。他不能对不住当初的自己。”

《红玫瑰与白玫瑰》写的是“振保的生命里”的连环套：玫瑰下接王娇蕊和孟烟鹂，上承另一位“不要紧的女人”——“巴黎的一个妓女”。振保和妓女“在一起的三十分钟”，始终只写她如何如何，一笔不关他做过什么，暗示着一方主动，一方被动。“就连这样的一个女人，他在她身上花了钱，也还做不了她的主人。”在振保眼里，妓女代表了他所面对的整个世界；他感到极大威胁，不能接受世界与自己是这样一种关系。“从那天起振保就下了决心要创造一个‘对’的世界，随身带着。在那袖珍世界里，他是绝对的主人。”与玫瑰一样，妓女也不知所终；然而振保的内心深处，同样忘不了她——因为她那样对他。

妓女朝相反方向塑造了一个振保。“现在他是他的世界里的主人。”他要一切保持主动——包括主动拒绝在内。可以说那个妓女怎样对待振保，振保就怎样对待玫瑰；以后娇蕊像玫瑰那样对待振保，而振保像对待玫瑰那样对待娇蕊。

第二幅题为“红玫瑰王娇蕊”。振保兄弟搬进王家，对娇蕊的第一印象，即如这里所描绘的：“王士洪立在门首叉腰看着，内室走出一个女人来，正在洗头发，堆着一头的肥皂沫子，高高砌出云石塑像似的雪白的波鬈。……她那肥皂塑就的白头发底下的脸是金棕色的，皮肉紧致，绷得油光水滑，把眼睛像伶人似的吊了起来。一件条纹布浴衣，不曾系带，松松合在身上，从那淡墨条子上可以约略猜出身体的轮廓，一条一条，一寸寸都是活的。”

“才同玫瑰永诀了，她又借尸还魂，而且做了人家的妻。”振保失去玫瑰，命运安排娇蕊来补偿。好比时光倒流，又回到汽车里“振保心里也乱了主意”那一刻。“而且这女人比玫瑰更有程度了，”娇蕊是更从容、更充分的玫瑰——小说给了她更多的篇幅，更多的时间与机会。振保最终也就可以像拒绝玫瑰那样拒绝她。

“婴孩的头脑与成熟的妇人的美是最具诱惑性的联合。”娇蕊的头脑是玫瑰的头脑，娇蕊的美是成熟之后的玫瑰的美。两个人本来一样，但振保不这么看。娇蕊像玫瑰似的深深爱他，也像玫瑰似的绝不适合做他妻子——“这样的女人是个拖累。”但是“玫瑰到底是个正经人”，而“娇蕊与玫瑰不同，一个任性的有夫之妇是最自由的妇人，他用不着对她负任何责任。可是，他不能不对自己负责”。两次悬崖勒马，对玫瑰是“坐怀不乱”，对娇蕊是“始乱终弃”——不过振保看来，与其说他“乱”娇蕊，不如说娇蕊“乱”他。他觉得她是坏女人，但又舍不得她，就像舍不得好女人玫瑰。

“从前的娇蕊是太好的爱匠。现在这样的爱，在娇蕊还是生平第一次。”她不知道自己怎会这样。张爱玲笔下别的女人活在这个世界，不是要变成什么样子，就是被变成什么样子；而娇蕊纯然是她自己，好像与这个世界了无干系。“像娇蕊呢，年纪虽青，已经拥有许多东西，可是有了也不算数的，她仿佛有点糊里胡涂，像小孩一朵一朵去采上许多紫萝兰，扎成一把，然后随手一丢。”那些女人算计，或被算计，其间有太多掌握了的和掌握不了的规律、逻辑；对此娇蕊一无所知。那些女人都在黑暗里，只有娇蕊是光明的。她不像沁西亚是被想得光明，她活成一片光明；她和言丹朱都是赤子之心，但她无意多管闲事。娇蕊只想在自己的世界里好好安排一个她所爱的人。“她是十分自信的，以为只要她这方面的问题解决了，别人总是绝无问题的。”

然而“这一次，是那坏女人上了当了！”她牺牲自己，振保却牺牲她。娇蕊不知道自己怎会这样，更不知道她所爱的人怎会这样。她的确“如同一个含冤的小孩”。在张爱玲笔下，光明与黑暗最终一概归于黑暗，娇蕊的下场并不比别的女人强。“天地不仁，以万物为刍狗。”张爱玲对待她们，几近于替天行道。

当然娇蕊还得继续活下去。二人重逢，与初遇适成对比：“振保这才认得是娇蕊，比前胖了，但也没有如当初担忧的，胖到痴肥的程度；很憔悴，还打扮着，涂着脂粉，耳上戴着金色的缅甸佛顶珠环，因为是中年的女人，那艳丽便显得是俗艳。”这样的她，振保还舍不得，他舍不得他的“红玫瑰”的记忆。

娇蕊说：“是从你起，我才学会了，怎样，爱，认真的……爱到底是好的，虽然吃了苦，以后还是要爱的，所以……”不是不解当年“吃苦”的缘由，便是无法摆脱“认真”的惯性。从前“她仿佛是个聪明直爽的人，虽然是为人妻了，精神上还是发育未完全的”；多年过去，娇蕊也许不再是“聪明直爽的人”，但“精神上还是发育未完全的”——爱使她这样，爱的挫折更加使她这样。然而娇蕊终于承认自己是活在这个世界里，像张爱玲笔下别的女人一样：“是的，年纪轻，长得好看的时候，大约无论到社会上去做什么事，碰到的总是男人，可是到后来，除了男人之外总还有别的……总还有别的……”娇蕊应付不了，也得应付。这是她的可爱之处，更是可怜之处——虽然比起那个仍在可怜地怀想着她的男人，总归要好一点儿。

第三幅画的是佟振保、王娇蕊、爱许太太与邓巴太太。振保和娇蕊出门，先遇见爱许太太，以后“爱许太太碰到另一位熟识的太太，立着谈话”，“振保认得那是邓巴太太，杂种人”。这里所画的应该是在那之后，“爱许太太到家了”之前，彼此结伴而行的情景。关于振保，小说有描写云：“他个子不高，但是身手矫捷。晦暗的酱黄脸，戴着黑边眼镜，眉眼五官的详情也看不出所以然来。”他的左边是爱许太太：“她是高高的，驼驼的，穿的也是相当考究的花洋纱，却剪裁得拖一片挂一片，有点像个老叫花子。小鸡蛋壳藏青呢帽上插着双飞燕翅，珠头帽针，帽子底下镶着一圈灰色的鬈发，非常的像假发，眼珠也像是淡蓝磁的假眼珠。”最右边是邓巴太太，“那肥胖的妇人”。二人之间是娇蕊——那天“她穿着暗紫蓝乔琪纱旗袍”，画得未免草草。对此万燕有番解释：此时正是振保、娇蕊关系的转折点，或许画中娇蕊，正是此时她给振保的印象。

《红玫瑰与白玫瑰》收入《传奇增订本》时，删去了邓巴太太，将爱许太太改为艾许太太，增添了个她的女儿艾许小姐。这母女俩是作品中的一段插曲，她们活得都不大如意，好比从暗淡处来，又向暗淡处去。小说写道：“指示行人在此过街，汽车道上拦腰钉了一排钉，一颗颗烁亮的圆钉，四周微微凹进去，使柏油道看上去乌暗柔软，踩在脚下有弹性。振保走得挥洒自如，也不知是马路有弹性还是自己的步伐有弹性。”艾许太太让振保想起他做“好人”的目的，人生那安稳的、荣耀的彼岸；艾许小姐让他想起自己向那彼岸进发，离开起点已有多大距离。她们如同那排指示行人过街的圆钉，提醒振保不要走错了路。“一样的四个人在街上缓缓走着，艾许太太等于在一个花纸糊墙的房间里安居乐业，那三个年青人的大世界却是危机四伏，在地底訇訇跳着舂着。”对此娇蕊没感觉到，她正陶醉在自己的幸福之中；艾许小姐即使感觉到了，也无能为力；只有振保明白自己该做什么——他要抛弃娇蕊了。

后来张爱玲说：“佟振保是个保守性的人物。他深爱着红玫瑰，但他不敢同她结婚，在现实与利害的双重压力下，娶了白玫瑰——其实他根本用不着这样瞻顾的，结果害了三个人，包括他自己在内。”（水晶：《蝉——夜访张爱玲》）不过“旁观者清，当局者迷”，振保自有他的道理——那是他的人生信条。

当年振保拒绝了玫瑰，“他对他自己那晚上的操行充满了惊奇赞叹，但是他心里是懊悔的。背着他自己，他未尝不懊悔”。可见他身上活着两个振保：一个是本能的，自我的；一个是社会的，道德的——后者亦即结束处“改过自新，又变了个好人”的“好人”。一个振保反对另一个，把他拉过来，扯过去；结果无论哪个，他都做不踏实，做不彻底。二者任居其一，他也就没有烦恼，甚至还能自得其乐。

“好人”当作如是理解：“他是有始有终，有条有理的。他整个地是这样一个最合理想的中国现代人物，纵然他遇到的事不是尽合理想的，给他自己心问口，口问心，几下子一调理，也就变得仿佛理想化了，万物各得其所。”告别了巴黎的妓女，振保立志要当“好人”；以后遇见玫瑰与娇蕊，不过为此提供机会罢了。虽然她们正是他的所爱——“他喜欢的是热的女人，放浪一点的，娶不得的女人。”拒绝玫瑰，抛弃娇蕊，分别展现了“好人”的两面——无论对人，还是对己，都把“不理想”调理得“理想化了”。作为一个“好人”，自此几近完整。接下来就是迎娶烟鹂——这回一个振保合该深受另一个振保的苦了。

也许所有这些，都可看作是对巴黎那个妓女的报复。娶妻之后，“振保这时候开始宿娼”，始终为所欲为，甚至把玩的女人带到家门口——这当然是做给烟鹂看的，但难道不也是做给内心深处那个使他感受“最羞耻的经验”的妓女看的。现在振保对待她们，恰如当年她对待他。当然所报复的对象不止是她。“他对于妓女的面貌不甚挑剔，比较喜欢黑一点胖一点的，他所要的是丰肥的屈辱。这对于从前的玫瑰与王娇蕊是一种报复，但是他自己并不肯这样想。”与玫瑰和娇蕊打交道，振保总是保持主动；失去她们之后，他反而变成被动的一方了。对振保来说，这与那个妓女带给他的屈辱一样。

振保这么跟自己玩，间或也玩累了；这时他的感慨，便有几分深沉：“这世界上有那么许多人，可是他们不陪着你回家。到了夜深人静，还有无论何时，只要是生死关头，深的暗的所在，那时候只能有一个真心爱的妻，或者就是寂寞的。”这时的他，多少像战乱后的范柳原和归国后的童世舫，不过现在完全是自己破坏自己。与娇蕊重逢，也使他深受触动："忽然，他的脸真的抖了起来，在镜子里，他看见他的眼泪滔滔流下来，为什么，他也不知道。在这一类的会晤里，如果必须有人哭泣，那应当是她。这完全不对，然而他竟不能止住自己。"振保忽然发觉，辛辛苦苦所得到的，无非是一副面具与无穷痛苦。娇蕊追求振保，振保追求"好人"，都是一厢情愿，都不值得。

第四幅题为"孟烟鹂"。本文有云："初见面，在人家的客厅里，她立在玻璃门边，穿着灰地橙红条子的绸衫，可是给人的第一个印象是笼统的白。她是细高身量，一直线下去，仅在有无间的一点波折是在那幼小的乳的尖端，和那突出的胯骨上。风迎面吹过来，衣裳朝后飞着，越显得人的单薄。脸生得宽柔秀丽，可是，还是单只觉得白。"虽然这里画的，只在特写与近景之间。

"看到孟烟鹂小姐的时候，振保向自己说：'就是她罢。'"这是"好人"在下命令；然而烟鹂实在乏善可陈：凡庸，无聊，琐碎，苟且……也许后来一番描绘，更见她的真相："浴室里点着灯，从那半开的门里望进去，淡黄色的浴间像个狭长的立轴。灯下的烟鹂也是本色的淡黄白。

当然历代的美女画从来没有采取过这样尴尬的题材——她提着裤子，弯着腰，正要站起身，头发从脸上直披下来，已经换了白地小花的睡衣，短衫搂得高高地，一半压在颔下，睡裤臃肿地堆在脚面上，中间露出长长一截白蚕似的身躯。”

然而烟鹂如此不堪，怎么算得上“白玫瑰”，与“红玫瑰”娇蕊相提并论。小说开头讲：“娶了红玫瑰，久而久之，红的变了墙上的一抹蚊子血，白的还是‘床前明月光’；娶了白玫瑰，白的便是衣服上沾的一粒饭粘子，红的却是心口上的一颗朱砂痣。”继而断言：“在振保可不是这样的。”说的只是那个“好人”的他；另一个他，其实与“每一个男子”并无两样。而依照此处所说，无论“红玫瑰”，还是“白玫瑰”，都经不住“久而久之”的考验。振保未娶娇蕊，所以前一半情况并不存在——当然他若真的娶了娇蕊，对她的爱也不可能长久，她就是“墙上的一抹蚊子血”了；所适用的是后一半情况——振保把烟鹂作为“白玫瑰”娶了，可是以后她成了他“衣服上沾的一粒饭粘子”。

其间的演变过程，即如小说所写：“起初间或也觉得可爱，她的不发达的乳，握在手里像睡熟的鸟，像有它自己的微微跳动的心脏，尖的喙，啄着他的手，硬的，却又是酥软的，酥软的是他自己的手心。后来她连这一点少女美也失去了。对于一切渐渐习惯了之后，她变成一个很乏味的妇人。”烟鹂的“白玫瑰”时代转瞬即逝；此后的她，只能与振保在公共汽车上见着的娇蕊相比——那俗艳的中年女人，也不再是“红玫瑰”了。不过振保记得“红玫瑰”，却记不得“白玫瑰”。娇蕊已经离他而去；烟鹂活在身旁，给他的只有种种难堪的体验。小说对娇蕊的“红玫瑰”时代写得多，不“红”时写得少；对烟鹂的“白玫瑰”时代写得少，不“白”时写得多。

也许烟鹂给别人的印象有所不同，就像开头说的：“他太太是大学毕业的，身家清白，面目姣好，性格温和，从不出来交际。”也许别人看来，她还是振保的“白玫瑰”——这就用得着“甘苦自知”那句话了。

“他看看他的妻，结了婚八年，还是像什么事都没经过似的，空洞白净，永远如此。”“红玫瑰”与“白玫瑰”一并是男人的永恒理想，但是“热烈的情妇”真切可感，“圣洁的妻”却无实在内容。所以我们无法指责烟鹂人格缺陷。而且她并不“永远如此”，乃至超出振保所能容忍的

“空洞白净”的限度之外。于是就有她的“人笨事皆难”，她的便秘，乃至她与裁缝下作的奸情。这使振保再一次感到威胁，他在整个世界面前再一次丧失主动——这种威胁来自他一向蔑视的烟鹂，尤其让他不能忍受。他为她而放弃了一切，如果连点主动都不能保留，真是白白牺牲了。

振保这回仍然要做“他的世界里的主人”，直到“觉得她完全被打败了”——小说末了一幅插图题为“烟鹂的鞋”：“地板正中躺着烟鹂的一双绣花鞋，微带八字式，一只前些，一只后些，像有一个不敢现形的鬼怯怯向他走过来，央求着。”藉此振保重新拥有一个“‘对’的世界”，就像当初拒绝玫瑰，抛弃娇蕊，以及离开巴黎那个妓女之后那样。

[附记] 此篇虽名为“图赞”，文字实可独立存在，且原图仅存印刷品，质量欠佳，翻检《杂志》《皇冠》旧刊可知，今不复移用。

二〇〇三年五月十九日作，

二〇二〇年七月二十九日改

浮生只合小团圆

自从写东西，觉得无论说什么都有人懂，即使不懂，她也有一种信心，总会有人懂。

——张爱玲《小团圆》

《小团圆》与《色，戒》《相见欢》《浮花浪蕊》等是张爱玲同一时期的作品。她到五十岁以后，小说创作又出现一个高潮，《小团圆》为重头戏，堪称毕生杰作。此书与《同学少年都不贱》当年未能面世，实在可惜。兴许正因受到挫折，张爱玲自此不再写小说了；最后十几年里，只有国语译本《海上花》《对照记》和少量散文作品刊行。

张爱玲晚期作品的风格与早期很不一样。论家沉迷于她先前的《金锁记》《倾城之恋》等，对此往往难以接受。

纵观张爱玲的创作历程，一直是在发展变化，论家未免刻舟求剑。比如对她五十年代那部《秧歌》，柯灵批评“文字也失去作者原有的美”（《遥寄张爱玲》），然而作者明言要追求“平淡而近自然”（《忆胡适之》）。现在也有人说《小团圆》“通篇不易找到我曾称之为‘兀自燃烧的句子’”，张爱玲虽不像年轻时那么锋芒毕露，沉稳之中照样机锋迭见，一语破的。

张爱玲这批作品，结构和手法更见创新。她说：“《浮花浪蕊》最后一次大改，才参用社会小说做法，题材比近代短篇小说散漫，是一个实验。”（《惘然记》）《小团圆》比《浮花浪蕊》更具此种“实验性”。所谓“题材散漫”，主要体现为作品的情节在不止一条时间线展开，而与通常的“回忆”又有不同，叙述者并不驻足于其中一条时间线。《小团圆》中，第一条时间线是盛九莉在香港遇上战争，回到上海，跟邵之雍恋爱、分手，又跟燕山恋爱、分手；另有一条时间线是在此之前，起自九莉小时候；还有一条时间线是在第一条之后，最晚写到九莉堕胎、母亲病逝。第一条时间线基本遵循前后顺序，其他两条则不受此约束。三条线上的不同片断交错拼接在一起，构成整部作品。片断之间，有时具有因果关系，有时只是有所呼应，或形成对比。不习惯或不接受这种写法，就会觉得杂乱无章。举个例子，宋淇说："荒木那一段可以删除，根本没有作用。"从情节上讲的确如此，而书中类似片断还有很多；但是写了荒木与中国恋人的关系，继而说："九莉相信这种古东方的境界他（按指之雍）也做得到。不过他对女人太博爱，又较富幻想，一来就把人理想化了，所以到处留情。"可知荒木乃是之雍的反面，写他正是在写之雍。

张爱玲早期的小说往往只有一条从前到后的时间线。《金锁记》和《倾城之恋》都是如此。这是典型的传统小说，是在讲故事。更早一些的《沉香屑：第一炉香》和《茉莉香片》，还从"请您寻出家传的霉绿斑斓的铜香炉，点上一炉沉香屑，听我说一支战前香港的故事"、"我给您沏的这一壶茉莉香片，也许是太苦了一点。我将要说给您听的一段香港传奇，恐怕也是一样的苦"开篇呢。以后张爱玲不这么写了。譬如《红玫瑰与白玫瑰》中艾许母女的插曲，对于表现佟振保的"作用"正与"荒木那一段"相当。最后的《小团圆》尤其复杂，但是这种写法在现代小说里很常见。无论《小团圆》，还是《色，戒》《相见欢》

《浮花浪蕊》《同学少年都不贱》，都不是在讲故事。

张爱玲在《烬余录》中已道着小说这两种写法，同时也是两种读法的区别：“我没有写历史的志愿，也没有资格评论史家应持何种态度，可是私下里总希望他们多说点不相干的话。现实这样东西是没有系统的，像七八个话匣子同时开唱，各唱各的，打成一片混沌。在那不可解的喧嚣中偶然也有清澄的，使人心酸眼亮的一刹那，听得出音乐的调子，但立刻又被重重黑暗上拥来，淹没了那点了解。画家，文人，作曲家将零星的，凑巧发现的和谐联系起来，造成艺术上的完整性。历史如果过于注重艺术上的完整性，便成为小说了。”我们如果只盯着“相干的话”，而置“将零星的、凑巧发现的和谐联系起来，造成艺术上的完整性”于不顾，那就不是在读小说了。

《小团圆》当年未能出版，是因为宋淇担心“这是一本 thinly veiled [几乎不加掩饰]，甚至 patent [明显] 的自传体小说，不要说我们，只要对你的作品较熟悉或生平略有所闻的人都会看出来，而且中外读者都是一律非常 nosy [好事] 的人，喜欢将小说与真实混为一谈，尤其中国读者绝不理什么是 fiction [虚构作品]，什么是自传那一套”，说来的确不无道理。时至今日，多数读者可能仍然主要关心《小团圆》暴露了多少“内幕”。当然比起七十年代，情况毕竟好些，因为书里的原型几乎都不在了。大家只是热心观众，不是当事人。等这种热中也消退了，读者就能把《小团圆》当成纯粹的文学作品看，它才会真正显现出艺术上的价值。当初《红楼梦》问世，出了不少“索隐派”，猜这个写的是谁，那个写的是谁，目下只有少数闲极无聊的红学家还在唠叨这码事儿了。《小团圆》也将经历这样的过程。

中外多有类似《小团圆》的自传体小说，譬如废名的《莫须有先生坐飞机以后》，蒲宁的《阿尔谢尼耶夫的一生》，等等。对此有个读法问题。张爱玲曾说，《小团圆》“内容同《对照记》与《私语》而较深入，有些读者会视为炒冷饭”。书中人物大多容易猜出原型，这一点很像曾朴的《孽海花》。《小团圆》中《孽海花》被称作《清夜录》，作者写道：“乃德绕着圈子踱着，向烟铺上的翠华解释‘我们老太爷’不可能在签押房惊艳，撞见东翁的女儿，仿佛这证明书中的故事全是假的。”同样可举出《小团圆》中与原型对不上号的地方，譬如“之雍夏天到华中去，第二年十月那次回来”，实际上胡兰成一九四四年十一月去武汉，“第二年”已是抗战胜利；又如九莉的一篇小说被改编为电影《露水姻缘》，实际上张爱玲先编电影剧本《不了情》，后据此写成小说《多少恨》。总而言之，对得上人未必对得上事，对得上事未必对得上细节。不过藉此倒可了解作者对于人物原型的态度，例如读了书中有关荀桦的描写，回过头去看那篇《遥寄张爱玲》，会觉得很有意思。

然而问题的关键不在这里。无论如何，《小团圆》是小说，不是传记或历史。即便书中写了很多真人真事，小说家与传记作者也有着不同的把握，而在《小团圆》中，这种小说家的把握来得特别充分，特别深切，又特别微妙。这是一部心理小说，一部情感小说；虽然是第三人称写法，视角却集中于九莉一人，也就是说，只有九莉对于一己际遇的心理反应和情感反应；而这在作者笔下，与其说是再现，不如说重新体验，或者干脆说是创造。

尽管如张爱玲所言，《小团圆》的“内容有一半以上”与之雍“都不相干”，但读者对此或许特别留意，甚至当成“张版《今生今世》”，与之无关的笔墨遂被视作多余。之雍直到第四章才出场，小说已经写到一半了，后面还有不少篇幅没涉及他。拿电影来打比方，九莉是女主角，之雍只能算男配角，就连九林也比他的戏份多。这部小说没有男主角，倒是另外有个人物几乎可与九莉并列为女主角，就是她的母亲蕊秋。除九莉与之雍的关系外，书中还写了她与姑姑的关系，与弟弟的关系，与自己整个家族的关系，又有与比比的关系，与燕山的关系，这些都比不上九莉与母亲的关系重要。那才是小说真正贯穿始终的主线。

从前我在一篇文章里说，早期的张爱玲仿佛《倾城之恋》里的白流苏，晚期则有点儿像《金锁记》里的曹七巧了。而张爱玲说："我的小说里，除了《金锁记》里的曹七巧，全是些不彻底的人物。"（《自己的文章》）就像曹七巧对待姜季泽、姜长白、姜长安以及她自己那样，作者要把她过去那段岁月无所顾忌地来个总清算。这里除了爱情，还有亲情、友情。而归根结底要清算的是她和母亲的关系。

《小团圆》煞尾于九莉多年后的一场梦："……青山上红棕色的小木屋，映着碧蓝的天，阳光下满地树影摇晃着，有好几个小孩在松林中出没，都是她的。之雍出现了，微笑着把她往木屋里拉。非常可笑，她忽然羞涩起来，两人的手臂拉成一条直线，就在这时候醒了。二十年前的影片，十年前的人。她醒来快乐了很久很久。”这梦有一个背景：“她从来不想要孩子，也许一部份原因也是觉得她如果有小孩，一定会对她坏，替她母亲报仇。”是乃抚今追昔，惟有与母亲的关系是切实的，其余皆如过眼烟云，或南柯一梦。“小团圆”当然是对传统“大团圆”的颠覆，若挑一句话解题，还得举出“她从来不想要孩子”云云，也就是说，一切到此为止。

二〇〇九年三月十七日

再谈《小团圆》

《小团圆》尚未面世，就有人提出“拒买、拒读、拒评”；至今偶尔还被称引，但回过头去看，效用似乎仅限于倡议者自己，无非“自我封口”而已。不过“买”、“读”、“评”，适可概括一年间《小团圆》热热闹闹、是是非非的全部。

《小团圆》最早由台湾皇冠文化出版有限公司和皇冠出版社（香港）有限公司推出。据说香港初版一刷才两千册，不到两个小时即告售罄，可见尽管港台书业萧条，“张迷”却大有人在。北京十月文艺出版社出版的《小团圆》是今年名列前茅的畅销书，想必盗版也会不少。我还见过一本张爱玲以英文写作、迄未出版的《雷峰塔》的伪书，印制粗糙，封面印着“继《小团圆》之后张爱玲迄今未发表的自传体小说为千万张迷亲情巨献”的宣传语，其实是本传记，书中的“张爱玲”被统改为“我”，结果引用柯灵《遥寄张爱玲》成了《遥寄我》，张子静《我的姊姊张爱玲》成了《我的姊姊我》，可发一噱。

《小团圆》出版后，报刊网络评论甚多，毁誉参半，此书又不止一次被媒体选为“年度十大好书”。《小团圆》评上与否，并不吃紧；因为“十大好书”云云，不过当下热闹，“年度”过了，即烟消云散，而只要大家对张爱玲仍保持兴趣，她的重要作品《小团圆》就免不了被提及，被阅读，被评论，被研究。相比之下，我更感兴趣的是“读”，这可以藉“评”看出究竟，因为“买”了不一定“读”，“评”却非“读”过不可；虽然也有不少文章作者，不看书就能大发议论，但不妨将其视为另外一种“读”罢。

先来插说一段自家之事。前年我出了一本书信集，有位读者的意见令人莞尔：“只可惜失望与欣喜并存，或许失望尤大于欣喜亦未可知。翻看《远书》，方知此书信集非家书，更非情书一类，乃仅与友人谈学论道之书。”我何曾打算出“家书”、“情书”，读者为此“失望”，未免太没来由。虽说“一切阅读都是误读”，这里却又有所不同——他不曾“读”之前，已经“误”了。《小团圆》所遇到的问题，同样在于不能满足读者此种阅读期待。

有论家撰文批评：“如果《小团圆》不是‘旗帜鲜明’地打着张爱玲的招牌，以小说看，这本屡见败笔的书，实难终卷。”所列举之“败笔”，一是“张爱玲巅峰时期的作品，如《封锁》、如《金锁记》、如《倾城之恋》，文字肌理绵密，意象丰盈。宋淇看出《小团圆》杂乱无章，因指出‘荒木那一段可以删去，根本没有作用。’（我们现在看到的《小团圆》，作者没有删此段。）《传奇》时代的张爱玲，布局铺排的草蛇灰线，多能首尾呼应，少见十三不搭的局面。《小团圆》出现了‘根本没有作用’的段落，可见结构之松散”；一是“《小团圆》的叙述语言，比起成名作中的珠玉，显得血脉失调。通篇不易找到我曾称之为‘兀自燃烧的句子’”。这大概可以代表不少读者的看法。大家醉心于张爱玲的早期之作，认定那样写法才是“正宗”，遂不许作者越雷池一步。然而《小团圆》与《金锁记》等写作时间相隔三十多年，张爱玲的风格早已发生变化。最显明的例子，就是在写《小团圆》之前，她将《金锁记》改写为

《怨女》，论家所津津乐道的那些结构与语言上的特点，都被舍弃了。而这一时期，恰逢欧美文学思潮与小说写法嬗变，各种新的流派兴起，张爱玲身居海外，受到影响不无可能。反正晚年的她不愿意再像早年那么写了。《小团圆》是一部多用简笔，尽量非情景化、非氛围化的作品，与作者最早那篇《沉香屑：第一炉香》以繁复笔调描绘情景，营造氛围，正是大相径庭。不理解或不接受作者前后期风格不同，恐怕是跟不上她的脚步，无所收获乃至大失所望，亦不足为奇。这就像《庄子·田子方》里颜回说的："夫子步亦步，夫子趋亦趋，夫子驰亦驰；夫子奔逸绝尘，而回瞠若乎后矣。"孔子回答："女殆着乎吾所以着也，彼已尽矣，而女求之以为有，是求马于唐肆也。"

《田子方》里，孔子接着说："虽然，女奚患焉，虽忘乎故吾，吾有不忘者存。"读者抱住作者的"故吾"不"忘"，可能忽视了其"吾有不忘者"的存在。《小团圆》与同期的《浮花浪蕊》《同学少年都不贱》等属于现代小说，我们不能再用看传统小说的眼光来看。福斯特所著《小说面面观》说，"国王死了，王后也死了"是故事，强调时间关系；"国王死了，王后伤心而死"是情节，强调因果关系；另外“王后死了，原因不明，后来才发现她是死于对国王之死的悲伤过度”也是情节，但增加了神秘气氛，有进一步发展的可能。他所讲的统统属于传统小说。而在一本现代小说里，可能既忽略时间关系，又排斥因果关系，“国王”与“王后”死或不死，甚至都未必交代清楚。《小团圆》自始至终不规规矩矩写情节，更不老老实实讲故事；抱怨“杂乱无章”、“十三不搭”、“松散”，乃是从中寻求时间关系与因果关系而不得，正所谓“求马唐肆”。

前引那位论家的话，特别强调曾为宋淇所批评的书中有关荒木部分，“我们现在看到的《小团圆》，作者没有删此段”；类似之处还有宋淇说的“第一、二章太乱，有点像点名簿”，张爱玲也未接受意见。一九七七年四月七日她致信宋淇说：“头两章是必要的，因为是 key to her character［奠定她性格的关键］——高度的压力，极度的孤独（几乎炸死的消息没人可告诉）与 self-centeredness［以自我为中心］。”可参看小说中的描写：“‘我差点炸死了，一个炸弹落在对街，’她脑子里听见自己的声音在告诉人。告诉谁？难道还是韩妈？楚娣向来淡淡的，也不会当桩事。蕊秋她根本没想起。比比反正永远是快乐的，她死了也是一样。差点炸死了，都没人可告诉，她若有所失。”那些纷至沓来的人物，之于读者只是一个个名字，之于九莉也是一样，她与他们中的任何一位都无法沟通。作者如此写法，是要制造一种寂寞、隔绝的效果。

又有不少读者读过胡兰成的《今生今世》，遂把《小团圆》设想成一本专门回应此书的书。持此看法，则《小团圆》亦未免“实难终卷”，尤其前半部分，迟迟没写到此事，兴许看得不耐烦了。近阅也斯《张爱玲的刻苦写作与高危写作》一文，有云：“不少人看《小团圆》，喜欢从窥秘角度看，特别想看张与前夫的一段恋情。但之雍到了第四章才出场，书已写了一百五十多页了。若评论家以那为焦点，当然以为开首几章进进出出的众多人物显得‘不相干’了。”然而正如该文所说：“但倘若那不是全书的焦点呢？倘若以九莉这人物为焦点，那么香港的战争、母亲的自我中心、成长期的缺乏安全感、敏感、无所安顿的感觉，全都是值得写的，是她成长的网络的一部分。主角写过爱情小说，但没有真正恋爱过。这些背景可以解释她为什么后来会盲目爱上邵君，一发不可收拾。若从九莉成长的过程来看，当然前面人物众多的几章不见得‘不相干’。”

说来《小团圆》别有追求，根本不是一本现在某些人代为设想的那个样子的书。我曾写文章说，有人读书为了印证自己，凡适合我者即为好，反之则坏；有人读书旨在了解别人，并不固守一己立场，总要试图明白作家干吗如此写法，努力追随他当初的一点思绪。虽然同是读书，私意却以前者为非，而以后者为是。如此说法，并非抹杀批评，然而误解不是批评。

最近马家辉接受采访，谈到《小团圆》有云："一开始把它作为故事看，当八卦，一句一句地看。再看的时候，感动得不得了。"我去香港时，也斯告诉我，重读一遍《小团圆》，才看出它的好处。前不久遇见陈子善，他也说重读《小团圆》，发现真是精心结撰之作。与此形成对照的，正是贬抑该书者所说的"实难终卷"、"不能卒读"。此亦"人各有志"，不能勉强。但是否也有此种可能：读第一遍，我们往往不免先入为主，结果大失所望，乃至半途而废；果能读第二遍，把这份想法放下，遂与作者多所契合。

马家辉接着引用卡尔维诺《为什么读经典》所说："经典是那些你经常听人说'我正在重读……'而不是'我正

在读……’的书。”《小团圆》是否经典，姑置勿论，我却想到卡尔维诺文章中另一段话：“读一部经典作品也一定会令我们感到意外——当我们拿它与我们以前所想象的它相比较。”读《小团圆》，恰有此种感受。

我们读一本书，喜欢或不喜欢，都属寻常；可是有人将“读”变为“评”，往往喜欢就成了“好”，不喜欢成了“不好”。无论说好说坏，论者与作者之间，论者与其他读者之间，须得建立一种共识，也就是说，大家在同一前提下说话，否则作为批评很难站得住脚。问题在于，有些批评的前提往往只为批评者自己所有——也未必是其自家冥思苦想得出，多半还是由打哪儿领来的——作者和其他读者并不买账。回到所谓“《传奇》时代的张爱玲，布局铺排的草蛇灰线，多能首尾呼应，少见十三不搭的局面。《小团圆》出现了‘根本没有作用’的段落，可见结构之松散”，并不能据此断言“败笔”，因为即便是传统小说，也不一定非要“布局铺排的草蛇灰线，多能首尾呼应”不可。胡适说：“在论理学上，往往有人把尚待证明的结论预先包含在前提之中，只要你承认了那前提，你自然不能不承认那结论了：这种论证叫做丐辞。……丐辞只是丐求你先承认那前提；你若接受那丐求的前提，就不能不接受他的结论了。”（《评论近人考据〈老子〉年代的方法》）“丐辞”，即 begging the question，意为“用未经证明的假定作为论据来辩论”，我们的批评常常难以避免。报载某老先生曾“甚为激动，大骂《小团圆》写得太不堪了”：“张爱玲真是无聊透顶了，怎么能这样写？她和胡兰成的事，本来就是白圭之玷，还要这样渲染，还懂得美丑吗？……至于她对柯灵的丑化，在电车上对她耍流氓云云，看了也让人不舒服。张爱玲是柯灵提拔起来的，怎么能这么写？”这里所说即为“丐辞”，因为首先必须确认“白圭之玷不能渲染”，以及“受人提拔不应丑化”，指摘才能成立；更遑论“白圭之玷”、“受人提拔”，以及小说所写能否“对号入座”，都还有待论证。

不喜欢、不接受《小团圆》者，很容易找到心理支持，即张爱玲曾有“遗嘱”说“《小团圆》小说要销毁”。对此持怀疑态度的人则提出，之后台湾皇冠出版的《张爱玲全集》，仍然预告《小团圆》行将问世。现在《小团圆》已经出版，说宋以朗之于张爱玲有如布洛德之于卡夫卡，或者说此种比拟不当，都已失去意义。而卡夫卡请求布洛德将自己“所写的一切（刊登在报纸杂志上的作品、手稿或者信件）”“都毫无例外地予以焚毁”时，曾提到“在我的全部文字中，只有《判决》《司炉》《变形记》《在流放地》《乡村医生》和一个短篇故事《饥饿艺术家》还可以”，后来又有多少读者和研究者留意这两类作品的区别呢。有人则说：“就算张爱玲生前不完全放弃出版的念头，想她也不会愿意以修改中的‘未完成’稿出版。”其实布洛德“背叛遗嘱”出版的卡夫卡所著《诉讼》《城堡》等，都是“未完成稿”，更谈不上修改了；文学史上此类事例甚多，如福楼拜的《布瓦尔与佩库歇》，狄更斯的《埃德温·德鲁德》，托马斯·曼的《骗子费利克斯·克鲁尔的自白》，皆为不朽之作。

对一本书说“好”说“坏”容易，真正理解则难，而理解未必意味一定说“好”。仍以《小团圆》为例。有论家说：“她（指张爱玲）太爱自己、只爱自己，决不忍对自己动刀。这是张承志鄙视她的原因，我怀疑也是众人对她有兴趣的原因：一个毫不利人、专门利己的作家，一个曾把这种质量竟表达得如此华美如此感伤的作家——但年轻时的自私或许是自傲，到了《小团圆》，老来自私就让人不忍看，不知她何以无自尊至此。”朱天文接受采访时则说：“现代小说家是多疑的，自我解剖，很自苦，人家没有这样要求你，你却对自我探索、自我挖掘绝对不手软，跟写实主义非常不同。所以卡夫卡才会说：现代主义小说家是在拆自己生命的房子，去盖他小说的房子。《小团圆》更是这样，张爱玲把她家族所有的人，所有的故事都拆解了。天心说：‘如果说我对她保留最后的敬意，那是因为她是一个忠于职守的现代小说家，像一个老将军，最后还战死在自己的沙场上。’我觉得《小团圆》是求恶得恶。有所谓大叩大鸣、小叩小鸣，还可以再加一个善叩善鸣、恶叩恶鸣。善跟恶，我并不把它落在道德上，它就是一个世界的两面，一个光亮一个阴影，你去叩它善的话，回的是一个善鸣，你去叩它恶，它回一个音给你也是恶。其实张爱玲过往的作品也都是恶叩恶鸣，但因为年轻，本身释放出一种神采跟光辉，即便是恶，也带着神采，但是到了《小团圆》，我觉得那个光辉的东西没有了。”这里两种看法，归根结底都不喜欢《小团圆》，却有没看懂与看懂了的区别。

鲁迅在《立论》中讲过一个故事：“一家人家生了一个男孩，合家高兴透顶了。满月的时候，抱出来给客人看，——大概自然是想得一点好兆头。一个说：‘这孩子将来要发财的。’他于是得到一番感谢。一个说：‘这孩子将来要做官的。’他于是收回几句恭维。一个说：‘这孩子将来是要死的。’他于是得到一顿大家合力的痛打。”所谓“善叩善鸣”，就是说“这孩子将来要发财的”、“这孩子将来要做官的”；“恶叩恶鸣”，就是说“这孩子将来是要死的”。鲁迅说：“说要死的必然，说富贵的许谎。”也许这世界需要有人许一点慌，然而张爱玲不在此列，她一辈子只肯说“这孩子将来是要死的”。我觉得她在《小团圆》里说得最绝决、最深刻了。

二〇〇九年十二月二十五日

女作家盛九莉本事

张爱玲的《小团圆》是一部自传体小说，内容有虚有实，更多则虚实难辨，因为缺乏比照材料，无法划出一条清楚的界线。所以我说，对得上人未必对得上事，对得上事未必对得上细节。在张爱玲生平资料方面，《小团圆》“破”的意义远远大于“立”的意义，它使得早先那些出自他人之手的记载显得可疑，或者说，虽然有这回事，细节却有抵牾，尤其是当事人的解说，好像靠不住了。

小说所写人与事，大致分为三类：一是完全虚构，没有原型；二是如鲁迅《我怎么做起小说来》所说：“所写的事迹，大抵有一点见过或听到过的缘由，但决不全用这事实，只是采取一端，加以改造，或生发开去，到足以几乎完全发表我的意思为止。人物的模特儿也一样，没有专用过一个人，往往嘴在浙江，脸在北京，衣服在山西，是一个拼凑起来的脚色。”三是一个人物对应一个原型，但有所增删，《小团圆》就是这种写法。

我的朋友谢其章跟我抬杠说，对不上是因为你没有能力对上，或者是你主观上不情愿对上。那么倒也不妨一试。反正我只说“未必”，并未把门关死。《小团圆》主人公盛九莉与其原型即作者自己都是作家，相比之下，张爱玲这方面我们了解稍多，有对得上的，有部分对得上的，也有对不上的，借此正可体会她所讲的“小说与传记不明分”。

一、《小团圆》第十一章，“有一次到后台去，是燕山第一次主演的《金碧霞》，看见他下楼梯，低着头，逼紧了两臂，疾趋而过，穿着长袍，没化妆，一脸戒备的神气，一溜烟走了，使她立刻想起回上海的时候上船，珍珠港后的日本船，很小，在船阑干边狭窄的过道里遇见一行人，众星捧月般的围着个中年男子迎面走来，这人高个子，白净的方脸，细细的两撇小胡子，西装虽然合身，像借来的，倒像化装逃命似的，一副避人的神气，仿佛深恐被人占了便宜去，尽管前呼后拥有人护送，内中还有日本官员与船长之类穿制服的。她不由得注意他，后来才听见说梅兰芳在船上。”

周劭《魂兮归来，张爱玲！》（收《文饭小品》）云：“太平洋战起，香港被日军攻占，这个繁盛的岛屿顿时成为死港，当时留港的‘皇亲国戚’连同她们的宠物都被重庆以专机接走，但留在香港的知名人士却被丢在这个死港上，毫无办法。日本侵占香港的头目是号称中国通的矶谷廉介，他深知把他们送往上海，还可以有些用处，遂于一九四二年春季，特派一艘专轮，遣送滞港人士四百多人至沪，其中头面人物有北洋政府国务总理摄行元首职务的颜惠卿、国民党收回武汉租界的外交部长陈友仁、金融巨头周作民、唐寿民、冯耿光及戏剧大师梅兰芳等。张爱玲当时仅二十出头，也在附轮之列。其中还有一位现今蜚声国际学术界的柳存仁教授，那时也还不到三十岁，是周旋于众多名人之间的最活跃人物。”

二〇一二年六月七日《东方早报·上海书评》载谢其章《张爱玲认错人？周黎庵记错事？》一文，根据所藏《太平洋周刊》等资料指出梅兰芳当年返沪系乘飞机，与张爱玲并非同行，可参看。

二、《小团圆》第十一章，“她刚回上海的时候写过剧评。”

张爱玲一九四二年返沪，十一月在英文《上海泰晤士报》发表剧评、影评，发掘者迄未找到；一九四三年一月起，她为克劳斯·梅涅特主编的英文月刊《二十世纪》（*The XXth Century*）撰写文章，包括下列影评：*Wife, Vamp, Child*（后以中文改写为《借银灯》，载一九四四年一月上海《太平》第三卷第一期），*The Opium War*, *Mother and Daughters-in-Law*, *China: Education of the Family*（后改写为《银宫就学记》），载一九四四年二月七日《太平洋周刊》第九十六期），另有两篇无题。

三、《小团圆》第四章，“有个二〇年间走红的文人汤孤鹜又出来办杂志，九莉去投稿。楚娣悄悄的笑道：‘二婶那时候想逃婚，写信给汤孤鹜。……不知道有没有回信，不记得了。’”“那时候常有人化名某某女士投稿。九莉猜想汤孤鹜收到信一定是当作无聊的读者冒充女性，甚至于是同人跟他开玩笑，所以没回信。”不过，“汤孤鹜来信说稿子采用了。”

张爱玲的小说《沉香屑：第一炉香》一九四三年五月至七月载周瘦鹃主编的《紫罗兰》第二期至第四期，《沉香屑：第二炉香》同年八月至九月载该刊第五期至第六期。周瘦鹃《写在〈紫罗兰〉前头》（《紫罗兰》第二期）所言，与《小团圆》颇为不同：“一个春寒料峭的下午，我正懒洋洋地耽在紫罗兰盦里，不想出门；眼望着案头宣德炉中烧着的一枝紫罗兰香袅起的一缕青烟在出神。我的小女儿瑛忽然急匆匆地赶上三层楼来，拿一个挺大的信封递给我。说有一位张女士来访问。我拆开信一瞧，原来是黄园主人岳渊老人介绍一位女作家张爱玲女士来，要和我谈谈小说的事。我忙不迭的赶下楼去，却见客厅中站起一位穿着鹅黄缎半臂的长身玉立的小姐来向我鞠躬，我答过了礼，招呼她坐下。接谈之后，才知这位张女士生在北平，长在上海，前年在香港大学读书，再过一年就可毕业，却不料战事发生，就辗转回到上海，和她的姑母住在一座西方式的公寓中，从事于卖文生活，而且所卖的还是‘西’文，给英文《泰晤士报》写剧评影评，又替德人所办的英文杂志《二十世纪》写文章。至于中文的作品，除了以前给《西风》杂志写过一篇《天才梦》后，没有动过笔，最近却做了两个中篇小说，演述两段香港的故事，要我给她看行不行，说着，就把一个纸包打开来，将两本稿簿捧给了我；

我一看标题叫做《沉香屑》，第一篇标明《第一炉香》，第二篇标明《第二炉香》，就这么一看，我已觉得它很别致，很有意味了。当下我就请她把这稿本留在我这里，容细细拜读，随又和她谈起《紫罗兰》复活的事，她听了很兴奋，据说她的母亲和她的姑母都是我十多年前《半月》、《紫罗兰》和《紫罗兰片》的读者，她母亲正留法学画归国，读了我的哀情小说，落过不少眼泪，曾写信劝我不要再写，可惜这一回事，我已记不得了。我们长谈了一点多钟，方始作别。当夜我就在灯下读起她的《沉香屑》来，一壁读，一壁击节，觉得它的风格很像英国名作家 Somerset Maugham 的作品，而又受一些《红楼梦》的影响，不管别人读了以为如何，而我却是'深喜之'了。一星期后，张女士来问我读后的意见，我把这些话向她一说，她表示心悦诚服，因为她正是 S.Maugham 作品的爱好者，而《红楼梦》也是她所喜读的。我问她愿不愿将《沉香屑》发表在《紫罗兰》里，她一口应允。”

《小团圆》同一章，汤孤鹜采用了九莉的稿子，她的三姑楚娣提出“几时请他来吃茶”；“九莉觉得不必了，但是楚娣似乎对汤孤鹜有点好奇，她不便反对，只得写了张便条去，他随即打电话来约定时间来吃茶点。”“九莉觉得请他来不但是多余的，地方也太逼仄，分明是个卧室，就这么一间房，又不大。”及至见面，“汤孤鹜大概还像他当年，瘦长，穿长袍，清瘦的脸，不过头秃了，戴着个薄黑壳子假发。他当然意会到请客是要他捧场，他又并不激赏她的文字。因此大家都没多少话说。”

周瘦鹃则说：“我便约定在《紫罗兰》创刊号出版之后，拿了样本去瞧她，她称谢而去。当晚她又赶来，热诚地约我们夫妇俩届时同去，参与她的一个小小茶会。《紫罗兰》出版的那天，凤君因家中有事，不能分身，我便如约带了样本独自到那公寓去，乘了电梯直上六层楼，由张女士招待到一间‘洁而精’的小客室里，见过了她的姑母。”据他讲：“我们三人谈了许多文艺和园艺上的话，张女士又拿出一份她在《二十世纪》杂志中所写的一篇文章《中国的生活与服装》来送给我，所有妇女新旧服装的插图，也都是她自已画的。我约略一读，就觉得她英文的高明，而画笔也十分生动，不由不深深地佩服她的天才。”

四、《小团圆》第四章，“‘有人在杂志上写了篇批评，说我好。是个汪政府的官。昨天编辑又来了封信，说他关进监牢了，’她笑着告诉比比，作为这时代的笑话。起先女编辑文姬把那篇书评的清样寄来给她看，文笔学鲁迅学得非常像。极薄的清样纸雪白，加上校对的大字朱批，像有一种线装书，她有点舍不得寄回去。寄了去文姬又来了封信说：‘邵君已经失去自由了。他倒是个硬汉，也不要钱。’九莉有点担忧书评不能发表了——文姬没提，也许没问题。一方面她在做白日梦，要救邵之雍出来。”

胡兰成的文章《皂隶，清客与来者》载一九四四年三月《新东方》第九卷第三期，该刊系南京特别市警察厅主办，与苏青无关。但该期“编辑后记”有云：“感谢胡兰成先生答应以后每期有文章写来，这一期就给了我们两篇。胡先生的政治论文和杂文，一向为读者所珍视的。《皂隶，清客与来者》一文，胡先生原拟交由《天地》发表的，竟让我们抢先了，这里特向《天地》的编者致歉。”作者称，写此文系受《天地》编者“叫人‘多评论实事实物，取材于报章杂志近载’”启发，而他“看了《天地》第二期，却颇有些泼辣的作品”。文章有云：

“还有张爱玲先生的《封锁》，是非常洗炼的作品。在被封锁的停着的电车上，一个俗不可耐的中年的银行职员，向一个教会派的平凡而拘谨的未嫁的女教员调情，在这蓦生的短短一瞬间，男的原意不过是吃吃豆腐消遣时光的，到头却引起了一种他所不曾习惯的惆怅，虽然仅仅是轻微的惆怅，却如此深入地刺伤他一向过着甲虫一般生活的自信与乐天。女的呢，也恋爱着了，这种恋爱，是不成款式的，正如她之为人，缺乏着一种特色。但这仍然是恋爱，她也仍然是女人，她为男性所诱惑，为更泼剌的人生的真实所诱惑了。作者在这些地方，简直是写的一篇诗。

“我喜爱这作品的精致如同一串珠链，但也为它的太精致而顾虑，以为，倘若写更巨幅的作品，像时代的纪念碑式的工程那样，或者还需要加上笨重的钢骨与粗糙的水泥的。”

又，胡兰成《今生今世》云：“张爱玲因说，她听闻我在南京下狱，竟也动了怜才之念，和苏青去过一次周佛海家，想有什么法子可以救我。”

《小团圆》第七章，“文姬大概像有些欧美日本女作家，不修边幅，石像一样清俊的长长的脸，身材趋向矮胖，旗袍上罩件臃肿的咖啡色绒线衫，织出累累的葡萄串花样。”

张爱玲《我看苏青》（一九四五年四月《天地》第十九期）云：“她的美又是最容易保持的那一种，有轮廓，有神气的。”“她起初写给我的索稿信，一上来就说‘叨在同性’，我看了总要笑。”苏青主编的《天地》月刊一九四三年十月十日创刊，一九四五年六月出至第二十一期终刊。除《封锁》《道路以目》《我看苏青》外，张爱玲在此还发表了《公寓生活记趣》（一九四三年十二月第三期），《烬余录》（一九四四年二月第五期），《谈女人》（一九四四年三月第六期），《童言无忌》《造人》（一九四四年五月第七、八期合刊），《打人》（一九四四年六月第九期），《私语》（一九四四年七月第十期），《中国人的宗教》（一九四四年八月至十月第十一至十三期），《谈跳舞》（一九四四年十一月第十四期），《“卷首玉照”及其他》（一九四五年二月第十七期）和《双声》（一九四五年三月第十八期）。张爱玲还曾为《天地》设计封面。

五、《小团圆》第四章，邵之雍“讲起在看守所里托看守替他买杂志，看她新写的东西，他笑道：‘我对看守宣传，所以这看守也对我很好。’又道：‘你这名字脂粉气很重，也不像笔名，我想着不知道是不是男人化名。’”

《今生今世》云：“前时我在南京无事，书报杂志亦不大看，却有个冯和仪寄了《天地》月刊来，我觉和仪的名字好，就在院子里草地上搬过一把藤椅，躺着晒太阳看书。先看发刊辞，原来冯和仪又叫苏青，女娘笔下这样大方俐落，倒是难为她。翻到一篇《封锁》，笔者张爱玲，我才看得一二节，不觉身体坐直起来，细细的把它读完一遍又读一遍。……我去信问苏青，这张爱玲果是何人？她回信只答是女子。我只觉世上但凡有一句话，一件事，是关于张爱玲的，便皆成为好。及《天地》第二期寄到，又有张爱玲的一篇文章，这就是真的了。这期而且登有她的照片。”

张爱玲的小说《封锁》载《天地》第二期，与胡兰成的文章《“言语不通”之故》同在一期。胡兰成所说“第二期”则应是第四期，刊有张爱玲的散文《道路以目》。胡兰成于一九四三年十二月七日被汪政府逮捕，至“旧历除夕”即一九四四年一月二十四日获释，“在狱凡四十八天”。《天地》第四期出版于一九四四年一月十日，“在看守所里托看守替他买杂志”，正是这一期。

《小团圆》同一章，邵之雍“此后到上海来的时候，向文姬要了她的住址来看她，穿着旧黑大衣，眉眼很英秀，国语说得有点像湖南话。像个职业志士”。

《今生今世》所述，与此不无出入：“二月一日，日军宣布了城门口及火车站归中国警察维持秩序，于是我到上海。”“及我获释后去上海，一下火车即去寻苏青。苏青很高兴，从她的办公室陪我上街吃蛋炒饭，随后到她的寓所。我问起张爱玲，她说张爱玲不见人的。问她要张爱玲的地址，她亦迟疑了一回才写给我，是静安寺路赫德路口一九二号公寓六楼六五室。翌日去看张爱玲，果然不见，只从门洞里递进去一张字条，因我不带名片。又隔得一日，午饭后张爱玲却来了电话，说来看我。我上海的家是在大西路美丽园，离她那里不远，她果然随即来到了。……第二天我去看张爱玲。”

《小团圆》同一章，“她有两张相片，给他看，因为照相没戴眼镜，她觉得是她的本来面目。有一张是文姬要登她的照片，特为到对门一家德国摄影师西坡尔那里照的，非常贵，所以只印了一张。阴影里只露出一个脸，看不见头发，像阮布然特的画。光线太暗，杂志上印得一片模糊，因此原来的一张更独一无二，他喜欢就送了给他。”邵之雍说，杂志上虽然印得不清楚，“我在看守所里看见，也看得出你很高。”

张爱玲的照片登在《天地》第四期扉页，即《今生今世》所说“这期而且登有她的照片”。扉页正面是周作人、周杨淑慧和樊仲云的照片，背面是五个人的照片，张爱玲居中，左上柳雨生，右上纪果厂，左下周班公，右下谭惟翰（剧照）。《今生今世》云：“因我说起登在《天地》上的那张照相，翌日她便取出给我，背后还写有字：‘见了他，她变得很低很低，低到尘埃里，但她心里是欢喜的，从尘埃里开出花来。’”附带说一下，这段冠以张爱玲之名的话传播甚广，但仅见于《今生今世》。

《小团圆》第四章，“二十二岁了，写爱情故事，但是从来没恋爱过，给人知道不好”。第十一章，“蕊秋对她的小说只有一个批评：‘没有经验，只靠幻想是不行的。’”

我曾说，张爱玲一九四四年一月写的《年青的时候》，风格较先前有一些变化，继乎其后的《花凋》，在这条变化的路上继续发展。算算她与胡兰成相识之时，应该已经写了《年青的时候》，还没有写《花凋》。或许这里就有胡兰成对她的影响。张爱玲笔下此种变化，当时已有论家察觉。

谭正璧《论张爱玲与苏青》（一九四四年十二月《风雨谈》第十六期）云："《花凋》写来似和世情略略接近，然而因为它是个绝对的悲剧的缘故。《年青的时候》比较地松弛，写一个青年迷恋他的异国人的女教师，情调非常优美。"这之后写的为《传奇增订本》增收的《鸿鸾禧》等五篇，更多采用"参差的对照的手法"，更加强调人生的"苍凉"，乃是真正进入成熟时期。

六、《小团圆》第四章，"他约她到向璟家里去一趟，说向璟想见见她。向璟是战前的文人，在沦陷区当然地位很高。……向璟是还潮的留学生，回国后穿长袍，抽大烟，但仍旧是个美男子，希腊风的侧影。他太太是原有的，家里给娶的，这天没有出现。他早已不写东西了，现在当然更有理由韬光养晦。"第五章，向璟给九莉写信，"赞美了她那篇'小杰作'"。

《今生今世》云："应酬场面上，只一次同去过邵洵美家里。"据王京芳《邵洵美年表》（《新文学史料》二〇〇六年第一期），邵氏一九四三年二月在《国粹邮刊》发表《民国试制票中之珍品》，同年三至五月以笔名"初盦"在《新申报》连载《中国邮票讲话》，共六十篇。至于其所

“赞美”的“小杰作”指哪篇作品，不详。

七、《小团圆》第一章，“后来在上海，有一次她写了篇东西，她舅舅家当然知道是写他们，气得从此不来往。”

张爱玲一九四四年二月作小说《花凋》，同年三月载《杂志》第十二卷第六期。张子静《我的姊姊张爱玲》云：“看了《花凋》，舅舅很不高兴。我的表妹黄家瑞回忆说，她爸爸读完《花凋》大发脾气，对我舅妈说：‘她问我什么，我都告诉她，现在她反倒在文章里骂起我来了！’”小说女主人公郑川嫦“是我舅舅的三女儿黄家漪”，一九四二年死于肺痨。

八、《小团圆》第七章，“在饭桌上，九莉讲起前几天送稿子到一个编辑家里，杂志社远，编辑荀桦就住在附近一个衖堂里，所以总是送到他家里去。他们住二楼亭子间，她刚上楼梯，后门又进来了几个日本宪兵，也上楼来了。她进退两难，只好继续往上走，到亭子间门口张望了一下，门开着，没人在家。再下楼去，就有个宪兵跟着下来，掏出铅笔记下她的姓名住址。出来到了弄堂里，忽然有个女人赶上来，是荀桦另一个同居的女人朱小姐，上次也是在这里碰见的。‘荀桦被捕了，宪兵队带走的，’她说。‘荀太太出去打听消息，所以我在这里替她看家。刚才宪兵来调查，我避到隔壁房间里，溜了出来。’之雍正有点心神不定，听了便道：‘宪兵队这样胡闹不行的。荀桦这人还不错。这样好了：我来写封信交给他家里送去。’九莉心里想之雍就是多事，不知底细的人，知道他是怎么回事？当然她也听见文姬说过荀桦人好。饭后之雍马上写了封八行书给宪兵队大队长，九莉看了有一句‘荀桦为人尚属纯正’。……她立刻把之雍的信送了去。这次荀太太在家。”“两三个星期后，荀桦放了出来，也不知道是否与那封信有关。亲自来道谢，荀桦有点山羊脸，向来衣着特别整洁，今天更收拾得头光面滑，西装毕挺。”“荀桦改编过一出叫座的话剧，但是他的专长是与战前文坛作联络员，来了就讲些文坛掌故，有他参预的，往往使他夹在中间左右为难。”

张爱玲在柯灵主编的《万象》月刊发表过小说《心经》(一九四三年八月至九月第三年第二期至三期)、《琉璃瓦》(一九四三年十一月第三年第五期)、《连环套》(一九四四年一月至六月第三年第七期至十二期)。柯灵《遥寄张爱玲》（载一九八四年《读书》第四期）云，他被日本沪南宪兵队逮捕是在一九四四年六月。一九四六年五月四日《上海滩》载彭朋《张爱玲严遭盘问》一文云："就在张爱玲常去柯灵家的时候，柯灵突然遭到日本宪兵队的注意，有一晚，他们在家里静静的谈着，日本人宪兵来捉柯灵，日宪兵看见张爱玲，问她是谁，张爱玲吓得脸色苍白，一句话也回答不出，还是柯灵机警，他知道要如说出张也是作家难免受累，就推说是自己太太的朋友，张爱玲就此逃避不测。过后，张爱玲每逢提到此事，仍惴惴不安呢。"《今生今世》云："爱玲与外界少往来，惟一次有个文化人被日本宪兵队逮捕，爱玲因《倾城之恋》改编成舞台剧上演，曾得他奔走，由我陪同去慰问过他家里，随后我还与日本宪兵说了，要他们可释放则释放。"《遥寄张爱玲》云："张爱玲把小说《倾城之恋》改编成舞台剧本，又一次承她信赖，要我提意见，其间还有个反复的修改过程。我没有敷衍塞责，她也并不嫌我信口雌黄。后来剧本在大中剧团上演，我也曾为之居间奔走。"张爱玲《走！走到楼上去》（一九四四年四月《杂志》第十三卷第一期）云："过阴历年之前就编起来了，拿去给柯灵先生看。结构太散漫了，末一幕完全不能用，真是感谢柯灵先生的指教，一次一次的改，现在我想是好得多了。”

柯灵曾与师陀合作将高尔基的剧本《底层》改编成四幕话剧《夜店》，一九四五年由苦干剧团首次在上海公演。

九、《小团圆》第五章，“有一天讲起她要钱出了名，对稿费斤斤计较，九莉告诉他‘我总想多赚点钱，我欠我母亲的债一定要还的’。”

张爱玲《童言无忌》云：“一学会了‘拜金主义’这名词，我就坚持我是拜金主义者。”胡兰成《张爱玲与左派》（一九四五年六月《天地》第二十一期）云：“她认真地工作，从不沾人便宜，人也休想沾她的，要使她在稿费上头吃亏，用怎样高尚的话也打不动她。”《连环套》在《万象》停载后，出版该刊的中央书店老板平襟亚与张爱玲之间还打过“一千元的灰钿”的笔墨官司，可参看谢其章《张爱玲为什么和〈万象〉“闹翻”？》（收《蠹鱼集》）。

十、《小团圆》第五章，徐衡“是她在向璟家里见过的一个画家”，盛九莉邀比比同去徐家看画，“徐家住得不远，是衖堂房子，从厨房后门进去，宽大阴暗的客室里有十几幅没配画框的油画挂在墙上，搁在地下倚着墙。徐衡领着她们走了一圈，唯唯诺诺的很拘谨。也不过三十几岁的人，家常却穿着一套古旧的墨绿西装，仿佛还是从前有种唯美派才有的，泛了色的地方更碧绿。”忽然遇到邵之雍，“满面笑容，却带着窘意。比比的中文够不上谈画，只能说英文。九莉以为窘是因为言语不通，怕他与徐衡有自卑感，义不容辞的奋身投入缺口，说个不停。尤其因为并不喜欢徐的画，更不好意思看了就走，巡视了两遍，他又从内室搬出两张来，大概他们只住底层两间。”

张爱玲曾作《忘不了的画》（一九四四年九月《杂志》第十三卷第六期），有云：

“中国人画油画，因为是中国人，仿佛有便宜可占，借着参用中国固有作风的藉口，就不尊重西洋画的基本条件。不取巧呢，往往就被西方学院派的传统拘束住了。最近看到胡金人先生的画，那却是例外。最使我吃惊的是一张白玉兰，土瓶里插着银白的花，长圆的瓣子，半透明，然而又肉嘟嘟，这样那样伸展出去，非那么长着不可的样子；贪欢的花，要什么，就要定了，然而那贪欲之中有喜笑，所以能够被原谅，如同青春。玉兰丛里夹着一枝迎春藤，放烟火似的一路爆出小金花。连那棕色茶几也画得有感情，温顺的小长方，承受着上面热闹的一切。

“另有较大的一张，也有白玉兰，薄而亮，像玉又像水晶，像杨贵妃牙痛起来含在嘴里的玉鱼的凉味。迎春花强韧的线条开张努合，它对于生命的控制是从容而又霸道的。

“两张画的背景都是火柴盒反面的紫蓝色。很少看见那颜色被运用得这么好的。叫做《暮春》的一幅画里，阴阴的下午的天又是那闷蓝。公园里，大堆地拥着绿树，小路上两个女人急急走着，被可怕的不知什么所追逐，将要走到更可怕的地方去。女人的背景是肥重的，摇摆着大屁股，可是那俗气只有更增加了恐怖的普照。

“文明人的驯良，守法之中，时而也会发现一种意想不到的，怯怯的荒寒。《秋山》又是恐怖的，淡蓝的天，低黄的夕照，两棵细高的白树，软而长的枝条，鳗鱼似地在空中游，互相绞搭。两个女人缩着脖子挨得紧紧地急走，已经有冬意了。

“《夏之湖滨》，有女人坐在水边，蓝天白云，白绿的大树在热风里摇着，响亮的蝉——什么都全了，此外好像还多了一点什么，仿佛树荫里应当有个音乐茶座，内地初流行的歌，和着水声蝉声沙沙而来，粗俗宏大的。

“《老女仆》脚边放着炭钵子，她弯腰伸手向火，膝盖上铺着一条白毛毡，更托出了那双手的重拙辛苦。她戴着绒线帽，庞大的人把小小的火四面八方包围起来，微笑着，非常满意于一切。这是她最享受的一刹那，因之更觉得惨了。

“有一张静物，淡紫褐的背景上零零落落布置着乳白的瓶罐，刀，荸荠，慈菇，紫菜苔，篮，抹布。那样的无章法的章法，油画里很少见，只有十七世纪中国的绸缎瓷器最初传入西方的时候，英国的宫廷画家曾经刻意模仿中国人画‘岁朝清供’的作风，白纸上一样一样物件分得开开地。这里的中国气却是在有意无意之间。画面上紫色的小浓块，显得丰富新鲜，使人幻想到‘流着乳与蜜的国土’里，晴天的早饭。

“还有《南京山里的秋》，一条小路，银溪样地流去；两棵小白树，生出许多黄枝子，各各抖着，仿佛天刚亮。稍远还有两棵树，一个蓝色，一个棕色，潦草像中国画，只是没有格式。看风景的人像是远道而来，喘息未定，蓝糊的远山也波动不定。因为那倏忽之感，又像是鸡初叫，席子嫌冷了的时候的迢遥的梦。”

《我与苏青》亦云：

"我又想起胡金人的一幅画，画着个老女仆，伸手向火。惨淡的隆冬的色调，灰褐，紫褐。她弯腰坐着，庞大的人把小小的火炉四面八方包围起来，围裙底下，她身上各处都发出凄凄的冷气，就像要把火炉吹灭了。"

《今生今世》云，作者读罢《封锁》，"见了胡金人，我叫他亦看，他看完了赞好，我仍于心不足。"胡兰成在《新秋试笔》（一九四四年十月《苦竹》第一期）中也谈论了胡金人的画。

十一、《小团圆》第七章，"他也的确是忙累，办报外又创办一个文艺月刊，除了少数转载，一个杂志全是他一个人化名写的。"

《今生今世》云："汪先生去日本就医，南京顿觉冷落。我亦越发与政府中人断绝了往来，却办了月刊叫《苦竹》，炎樱画的封面，满幅竹枝竹叶。虽只出了四期，却有张爱玲三篇文章，《说图画》，《说音乐》及《桂花蒸 阿小悲秋》。……我办《苦竹》，心里有着一种庆幸，因为在日常饮食起居及衣饰器皿，池田给我典型，而爱玲又给了我新意。"通常记载，《苦竹》一九四四年十月创刊，十一月出第二期，一九四五年三月出第三期即终刊，胡兰成说“出了四期”，姑存疑。张爱玲在此发表了《谈音乐》《自己的文章》《桂花蒸 阿小悲秋》和《生命的颜色》（炎樱作，张爱玲译）。胡氏所云《说图画》未见，张爱玲另有《谈画》一文，收入《流言》。

其章兄曾抄示《苦竹》一至三期目录，其中标☆记号者，均系胡兰成所作，第三期更为其一人包办：

第一期：

试谈国事	敦仁☆
要求召开国民会议	贝敦煌☆
违世之言	王昭午☆
谈音乐	张爱玲
死歌	炎樱
新秋试笔	胡兰成☆
诗四首	路易士
贵人的惆怅	韩知远☆
周沈交恶	江梅☆
开往北方的列车（诗）	弘毅
闲读启蒙	夏陇秀☆

读《出发》　南星

里巷之谈　林望☆

说吵架　江崎进☆

中国革命外史　北一辉著　蒋遇圭译

编后　编者☆

第二期：

文明的传统　敦仁☆

给青年　胡兰成☆

南来随笔　沈启无

自己的文章　张爱玲

生命的颜色　炎樱

十月（诗）　开元

桂花蒸　阿小悲秋　张爱玲

男欢女爱（民歌）　王昭午☆

“土地的绿”　夏陇秀☆

谈论《金瓶梅》　江崎进☆

第三期：

献岁辞　敦仁☆

告日本人与中国人　胡兰成☆

中日问题与中日本身问题	夏陇秀☆
《中国之命运》与蒋介石	敦仁☆
延安政府又怎样	江梅☆
左派趣味	林望☆
中国文明与世界文艺复兴	胡兰成☆
中国与美国	王昭午☆

十二、《小团圆》第七章，“他从华北找了虞克潜来，到报社帮忙。虞克潜是当代首席名作家的大弟子。之雍带他来看九莉。虞克潜学者风度，但是她看见他眼睛在眼镜框边缘下斜溜着她，不禁想道：‘这人心术不正。’”

《今生今世》云：“沈启无风度凝庄，可是眼睛常从眼镜边框外瞟人。他会做诗，原与废名俞平伯及还有一个谁是周作人的四大弟子。”《沈启无自述》（黄开发整理，载《新文学史料》二〇〇六年第　期）云：“一九四四年四月间，周作人公开发出破门声明，并在各报上登载这个声明，一连写了好几篇文章在报上攻击我。我并未还手，只想把事实摆清楚，写了《另一封信》送到北京、上海各报，他们都不刊登。当时只有南京胡兰成等人，还支持我，《另一封信》才在南京报刊上发表出来。周作人不经过北大评议会，挟其权力，就勒令文学院对我立即停职停薪，旧同事谁也不敢和我接近。由于周作人的封锁，使我一切生路断绝，《文学集刊》新民印书馆也宣布停刊。我从五月到十月，靠变卖书物来维持生活。武田熙、柳龙光要拉我到《武德报》去工作，我拒绝没有接受。北京现待不下去，我就到南京去谋生，胡兰成约我帮他编《苦竹》杂志。我在这刊物上发表过两篇文章，一篇《南来随笔》，一篇是新诗《十月》。一九四五年初，我随胡兰成到汉口接办《大楚报》（大约一九四四年十一月间去汉口）。本来我打算在南京中央大学中文系谋一教书位置，胡兰成说武汉大学有机会，劝我一同到武汉。到了汉口以后，方知武汉大学停办，只好帮他办《大楚报》。胡兰成做社长，我任副社长。”《自述》中未提及他其间曾到上海；张爱玲《对照记》云："炎樱的大姨妈住在南京，我到他们家去过，也就是个典型的守旧的北方人家。”可知她去过南京。张爱玲在《十八春》（后改《半生缘》）中，对于该城有详细描写，并讲到“这大冷天”。沈、张若见面，当在此地。沈启无《南来随笔》云：“这次到南京，同兰成去建国书店买了一本再版的《传奇》。”并说读了“她在《苦竹》月刊上的《谈音乐》”，他到南京时，刊载该文的第一期杂志应已出版；至于又说“张爱玲有一篇《自己的文章》”，则是作为编辑看的稿子。

十三、《小团圆》第七章，“她赚的钱是不够用，写得不够多，出书也只有初版畅销。刚上来一阵子倒很多产，后来就接不上了，又一直对滥写感到恐怖。”第十章，“自从‘失落的一年’以来，早就写得既少又极坏。”

张爱玲的小说集《传奇》一九四四年八月十五日由上海杂志社出版，九月二十五日再版。《今生今世》云：“爱玲的书销路最多，稿费比别人高。”“失落的一年”指“第二次世界大战结束”前的“大半年的工夫”。此前所作《连环套》，张爱玲“觉得这样一期一期地赶，太逼促了，就没有写下去”（《不能不说的废话》），多年后更说：“怎么写得那么糟”，“只好自动腰斩”，“当时也是因为编辑拉稿，前一个时期又多产。各人情形不同，不敢说是多产的教训，不过对于我是个教训。”（《〈张看〉自序》）《红玫瑰与白玫瑰》、《桂花蒸 阿小悲秋》、《等》等“初发表的时候有许多草率的地方”，收入山河图书公司一九四六年十一月出版的《传奇增订本》时，“大部分都经过增删”（《有几句话同读者说》)。《殷宝滟送花楼会》则“实在太坏，改都无从改起”(《惘然记》)。“同一时期又有一篇《创世纪》写我的祖姨母，只记得比《连环套》更坏。她的孙女与耀球恋爱，大概没有发展下去，预备怎样，当时都还不知道，一点影子都没有，在我这专门爱写详细大纲的人，也是破天荒。自己也知道不行，也腰斩了。”(《〈张看〉自序》)

十四、《小团圆》第十二章，“她战后陆续写的一个长篇小说的片段，都堆在桌面上。‘这里面简直没有我嘤！’之雍睁大了眼睛，又是气又是笑的说。但是当然又补了一句：‘你写自己写得非常好。’写到他总是个剪影或背影。”

一九四五年七月《杂志》第十五卷第四期“文化报道”一栏有云：“张爱玲近顷甚少文章发表，现正埋头写作一中型长篇或长型中篇，约十万字之小说：《苗金凤》，将收在其将于不日出版之小说集中。近顷报间，关于张之喜讯频传，询诸本人，则顾而言他，衡之常理，是即不否认之意，若是，则张之近况为一面待嫁，一面写作矣。”“苗金凤”当作“描金凤”，见张爱玲《谈音乐》：“弹词我只听见过一次，一个瘦长脸的年轻人唱《描金凤》，每隔两句，句尾就加上极其肯定的‘嗯，嗯，嗯’，每‘嗯’一下，把头摇一摇，像是咬着人的肉不放似的。对于有些听众这大约是软性刺激。”屠翁《张爱玲赶写〈描金凤〉》（一九四六年二月九日《海风》周报第十三期）：“唯闻张爱玲则杜门不出，埋首著书，近正写小说名曰：《描金凤》，张爱玲文心如发，而笔调复幽丽绝伦，《描金凤》当为精心之作，一旦杀青，刊行问世，其能轰动读者，当为必然之事实也。”亚泰《张爱玲新作将发表》（一九四六年三月十二日《海星》周报第四期）：“最近在新雅文艺市场上听得一个消息，张爱玲的《描金凤》，那篇未完成的杰作，将被发表了，刊登地盘，是在柯灵编的一本刊物上，过去张爱玲曾经有过一个剧本叫《倾城之恋》的，写成之后，送去让柯灵改编，后来被改削得‘体无完肤’之后，才在‘新光’由人中剧团演出的。张爱玲对于柯灵似乎向来倾折，柯灵对于张女士的文章也一向认为可取，这次再度合作，论情形是各得其所！张爱玲又该在七层楼的公寓里埋头写作了罢！”恨玲《张爱玲赶写〈描金凤〉》（一九四六年三月十八日《海潮》周报第一期）：“《描金凤》没有了刊出地点，然而女人毕竟是被原谅的动物，张爱玲被某一个文化人所垂青了，虽然垂青的是她的文章，然而张爱玲比起其他所谓作家来，应该是倖运多了。那文化人是高柯灵先生，不久有一册杂志上，将有张爱玲的大作，那篇东西，便是《描金凤》。”爱读《张爱玲做吉普女郎》（一九四六年三月三十日《海派》周刊第一期）:“有人谈说她在赶写长篇小说,《描金凤》，这倒颇有可能。只是写了之后，又拿到什么地方去发表呢？正统派文坛恐怕有偏见，不见得会要她的作品，而海派刊物，她也许不屑。”马川《张爱玲征婚》(一九四六年四月一日《上海滩》第一期):“张爱玲自从与胡兰成分离后，一个人孤伶伶似的坐在闺中，好不寂寞人也，于是闲来写写小说，写的啥，乃长篇《描金凤》，她表示我张爱玲不是起码角色，照样我的书有销路。……不过，《描金凤》是完成了，她又□了一个短篇，名《征婚》，那大约是写出她的性的苦闷。现在桑弧编了本《大众》，那便是将起用张爱玲的稿子。”阿拉记者《张爱玲闹双包案》（一九四六年四月九日《星光》周报第四期）：“也有人说她是仍旧在埋头写作，和平后之处女作：《描金凤》不日行将问世。”爱尔《张爱玲腰斩〈描金凤〉》(一九四六年五月十八日《海风》

周报第二十七期）：“有一时期报载她完成了一篇，小说叫《描金凤》的，据与她相熟的人说起，这部书一直到现在，还没有杀青，奇怪的是她在全部脱稿以后，忽然嫌她起头的一部分，并不满意，所以截下来焚毁了，而现在只剩了下半部。”其七《张爱玲作品难出笼》（一九四六年六月八日《海涛》周报第十六期）：“她的文章本已有许多刊物定好了，但是又恐怕人家说她是附逆文人，受人攻击，因此迟迟不敢刊载，于是她的作品又成了僵局。但她的写作精神是很好的，不问有没有地方发表，她仍在写她的《描金凤》！”佛手《张爱玲改订〈传奇〉》（一九四六年八月七日《东南风》第十六期）：“到是张爱玲一直静默着。她志高气昂，埋头写作长篇小说《描金凤》。”上官燕《贵族血液的大胆女作家 张爱玲重述〈连环套〉》（一九四六年九月二十二日《上海滩》第十六期）：“观乎《传奇》《流言》翻版生意之好，故而张爱玲暇来握管，又在赶着二大‘杰作’，其一为宣传已久之《描金凤》，其二即过去在《万象》月刊曾一度登过的《连环套》。《连环套》是一篇言情小说，情节至美，笔调之佳，不在乎《传奇》之下。不过昔《万象》所刊者为短篇，张爱玲今拟改述为长篇，此文不日印单行本问世，也许又挑了贵族血液小姐大大的赚一票也。”唐人（即唐大郎）《浮世新咏》（一九四六年十二月三日《文汇报》“浮世绘”副刊）：“读张爱玲著《传奇增订本》后。书为山河图书公司新印，余则得快先睹。末二句反俗语：‘文章是自己的好，老婆是别人的好’之意。 期尔重来万首翘，不来宁止一心焦？传奇本是重增订，金凤君当着意描。（张有《描金凤》小说，至今尚未杀青。）对白倾城成绝恋，流言往复倘能销！文章已让他人好，且捧夫人俺的娇。”文海《〈不了情〉剧本报酬六百万 张爱玲埋头编剧》（一九四七年四月十四日《新上海》周报第六十四期）：“她现在正埋头写一篇长篇小说和撰编《描金凤》的舞台剧本，预卜三四个月后当可脱稿。”

十五、《小团圆》第八章，“九莉没回香港读完大学，说她想继续写作，她母亲来信骂她‘井底之蛙’。楚娣倒也不主张她读学位。楚娣总说‘出去做事另有一功’，言外之意是不犯着再下本钱，她不是这块料，不如干她的本行碰运气。九莉口中不言，总把留学当作最后一条路。”

陈子善《围绕张爱玲〈太太万岁〉的一场论争》（收《说不尽的张爱玲》）云：“抗战胜利之后，由于她与胡兰成的特殊关系和发表作品的某些刊物背景复杂，各方面对她的指责也就甚嚣尘上，……有人甚至断言张爱玲的时代已经结束，发出‘张爱玲哪里去了’的感叹。张爱玲处于左右夹攻的尴尬境地之中，被迫搁笔年余。”不过张爱玲一九五二年离开中国大陆，用的正是“回香港读完大学”这理由。有关经历后来被她写进小说《浮花浪蕊》，该篇可视为《小团圆》的“后传”。

十六、《小团圆》第八章，“要稳扎稳打，只好蹲在家里往国外投稿，也始终摸不出门路来。”第十章，“这两年不过翻译旧著。”

文探《骗美金稿费 张爱玲写英文小说》（一九四六年七月二十日《星光》新二号）：“也有人说张并未离沪，仍在上海，而且也始终未曾辍笔过，不过她已用英文来写，发表的地方也是美国出版的英文杂志上。张的英文程度极佳，过去曾替英文《大陆报》等撰写影评，颇受欢迎。胜利后她改写英文小说，时常寄到美国出版的《红皮书》（*Red Book*）等杂志发表，据说甚得编者称誉。林语堂后，中国作家，拿美金稿费者，张爱玲又是一人。不过目前其名气尚不如林那样响，但凭张的天才或许有一番发展也。”小小《张爱玲为〈红书〉写稿》（一九四六年八月三日《海风》周报第三十六期）：“据说张爱玲杜门谢客，整日作‘滴滴答答’在打字机上打英文稿子。先不用再写什么新作品，只要把几篇《传奇》翻译一下，也相当可观了。有人说她已投至美国《红书》，《红书》是美国一本通俗小说，妇女读物，小说皆以男女细事为主题。揆之情理，也相当可能，因张爱玲也都以男女恋爱为题材的。而她的英文，当初《更衣记》发表在《二十世纪》英文杂志上，识者认为她的英文造就竟超出中文根底。不过，张爱玲本人却否认其事。也许因为她写英文稿，一般人‘想当然耳’，才扯到《红书》上去。”佛手《张爱玲改订〈传奇〉》（一九四六年八月七日《东南风》第十六期）：“又有人说她向美国《红书》杂志投书，那是空穴来风。”查一九四五年至一九四九年 *Redbook* 各期目录，未见署名 Eileen Chang 的作品。又，《张爱玲投稿到美国》（一九四七年八月十一日《沪光》革新第十五期）有云：“女作家中张爱玲之文笔清新，亦不可多得之才，新近闻其曾投一小说稿于美国某杂志，虽未刊载，而该杂志对于此事，甚为重视，近且有专函抵张要其重写矣，张之美文程度有极高造旨，故当其函及稿件抵该杂志社时，杂志当局即为之召开一编辑及名作家之座谈会，会中宣读其作品，缘其稿为一恋爱故事，虽甚动人，恐未必为读者所喜，因之专函致张，璧退其稿，并三复致意，称颂其笔调之优美，要张再写一篇，其内容务需以迎合彼邦人士之所好云。”

《小团圆》第十二章，“邵先生一度在上海找了个事，做个牙医学的助手，大概住在之雍家里，常来，带了厚厚的一大本牙医学的书来托她代译。其实专门性的书她也不会译，但是那牙医生似乎不知道，很高兴拣了个便宜，雇了个助手可以替他译书扬扬名。”

宋淇《私语张爱玲》引用张爱玲的话：“即使是关于牙医的书，我也照样会硬着头皮去做的。”

十七、《小团圆》第十一章，“蕊秋刚回来，所以没看过燕山的戏，不认识他，但是他够引人注目的，瘦长条子，甜净的方圆脸，浓眉大眼长睫毛，头发有个小花尖。九莉认识他，还是在吃西柚汁度日的时候。这家影片公司考虑改编她的一篇小说，老板派车子来接她去商议。是她战后第一次到任何集会去。……《露水姻缘》上映了。本来影片公司想改编又作罢了，三个月之后，还是因为燕山希望有个导演的机会，能自编自导自演的题材太难找，所以又旧话重提。……故事内容净化了，但是改得非常牵强。”第十二章，燕山“想导演又一炮而黑，尽管《露水姻缘》并没蚀本，她想是因为那骗人的片名”。

张爱玲《〈多少恨〉前言》云：“一九四七年我初次编电影剧本，片名《不了情》，当时最红的男星刘琼与东山再起的陈燕燕主演。陈燕燕退隐多年，面貌仍旧美丽年青，加上她特有的一种甜昧，不过胖了，片中只好尽可能的老穿着一件宽博的黑大衣。许多戏都在她那间陋室里，天冷没火炉，在家里也穿着大衣，也理由充足。此外话剧舞台上也有点名的泼旦路珊演姚妈，还有个老牌反派(名字一时记不起来了)演提鸟笼玩鼻烟壶的女父——似是某一种典型的旗人——都是硬里子。不过女主角不能脱大衣是个致命伤。——也许因为拍片辛劳，她在她下一部片子里就已经苗条了，气死人！——寥寥几年后，这张片子倒已经湮没了，我觉得可惜，所以根据这剧本写了篇小说《多少恨》。”电影《不了情》由桑弧导演，文华影片公司出品，一九四七年四月公映，这是该公司成立后拍摄的第一部影片。小说《多少恨》同年五至六月载《大家》第二至三期。

十八、《小团圆》第十二章，“卖掉了一只电影剧本，又汇了笔钱给他。”又，“那天她走后她写了封短信给之雍。一直拖延到现在，也是因为这时候跟他断掉总像是不义。当然这次还了他的钱又好些。……她信上写道：‘我并不是为了你那些女人，而是因为跟你在一起永远不会有幸福。’本来中间还要再加上两句：‘没有她们也会有别人，我不能与半个人类为敌。’但是末句有点像气话，反而不够认真。算了，反正是这么回事，还去推敲些什么。’”

龚之方《离沪之前》（收《永远的张爱玲》）：“《不了情》产生很大的轰动效能，卖座极佳，桑弧才动念再请张爱玲写个电影剧本，桑弘肚里藏了个腹稿，是个喜剧，他把剧本的框架告诉张爱玲参考，张因《不了情》的一举成功，心里有点甜头，对桑弧请她第二个电影剧本慨然应允。她又较快地交出了剧本，在写作过程中没有和桑弧商量过什么，她一气呵成地把它写完，这个剧本后来就是文华公司的第二部出品——《太太万岁》，桑弧导演。”电影《太太万岁》由文华影片公司出品，一九四七年十二月公映。影片上映前，张爱玲作《〈太太万岁〉题记》（一九四七年十二月三日《大公报》），有云："John Gassent 批评 *Our town* 那出戏，说它'将人性加以肯定——一种简单的人性，只求安静地完成它的生命与恋爱与死亡的循环。'《太太万岁》的题材也属于这一类。戏的进行也应当像日光的移动，濛濛地从房间的这一个角落照到那一个角落简直看不见它动，却又是倏忽的。梅特林克一度提倡过的'静的戏剧'，几乎使戏剧与图画的领域交叠，其实还是在银幕上最有实现的可能。然而我们现在暂时对于这些只能止于向往。例如《太太万岁》就必须弄上许多情节，把几个演员忙得团团转。严格地说来，这本来是不足为训的。然而，正因为如此，我倒觉得它更是中国的。我喜欢它像我喜欢街头卖的鞋样，白纸剪出的镂空花样，托在玫瑰红的纸上，那些浅显的图案。"《太太万岁》上映后曾引发争议，详见陈子善《围绕张爱玲〈太太万岁〉的一场论争》。

《今生今世》云："于是六月十日来了爱玲的信。我拆开才看第一句，即刻好像青天白日里一声响亮，却奇怪我竟是心思很静。爱玲写道：'我已经不喜欢你了。你是早已不喜欢我了的。这次的决心，我是经过一年半的长时间考虑的，彼时惟以小吉故，不欲增加你的困难。你不要来寻我，即或是写信来，我亦是不看了的。’……信里说的小吉，是小劫的隐语，这种地方尚见是患难夫妻之情。她是等我灾星退了，才来与我诀绝。信里她还附了三十万元给我，是她新近写的电影剧本，一部《不了情》，一部《太太万岁》，已经上映了，所以才有这个钱。我出亡至今将近两年，都是她寄钱来，现在最后一次她还如此。”

查阅当时报纸，张爱玲写《不了情》剧本得稿费六百万元（文海《〈不了情〉剧本报酬六百万 张爱玲埋头编剧》，一九四七年四月十四日《新上海》周报第六十四期），写《太太万岁》得七百万元（《张爱玲·桑弧再度合作 〈太太万岁〉开拍》，一九四七年七月十五日《青青电影》复刊第四期），一九四七年四月《大家》第一期刊登《传奇增订本》广告云“每册仅售几千元”，而这一期《大家》定价四千元。

十九、《小团圆》第七章，“有一次在街上排队登记，穿着一身户口布喇叭袖湖色短衫，雪青洋纱袴子，眼镜早已不戴了。管事的坐在人行道上一张小书桌前，一看是个乡下新上来的大姐，因道：‘可认得字？’九莉轻声笑道：

‘认得，’心里十分高兴，终于插足在广大群众中。”

张爱玲《重返边城》云：“共产党来了以后，我领到两块配给布。一件湖色的，粗硬厚重得像土布，我做了件唐装喇叭袖短衫，另一件做了条雪青洋纱袴子。……排队登记户口。一个看似八路军的老干部在街口摆张小学校的黄漆书桌，轮到我上前，他一看是个老乡，略怔了怔，因似笑非笑问了声：‘认识字吗？’我点点头，心里很得意。显然不像个知识分子。”《对照记》有相同记载，说这是“一九五〇或五一年”的事。盛九莉作为女作家以此收梢，张爱玲的创作也告一段落了。

二〇〇九年五月三十日作，

二〇二〇年七月三十日改

胡张初识考

前些时我写了篇《女作家盛九莉本事》，涉及《小团圆》中与主人公作家身份相关的部分。其实这部小说的“本事”还有很多。然而，将书中所写与张爱玲本人及其他人的文字相比照，不相符之处总多过相符之处。是以梁文道说：“止庵的索隐是在反索隐。因为止庵的结论就是说这本书不是自传，因为里面有许多虚构。”（《用小说名义写的很实的东西》）张爱玲自己讲得更明白：“看过《流言》的人，一望而知里面有《私语》《烬余录》（港战）的内容，尽管是《罗生门》那样的角度不同。”（一九七六年一月三日致宋淇）这里说的既有回忆文章《私语》、《烬余录》与小说《小团圆》之间纪实与虚构之别，也有回忆文章中的“我”与小说中所塑造的某一人物之间因视野不同而产生的全面与局限之别。其他人的回忆文字与《小团圆》不相符合，亦可作“《罗生门》那样的角度不同”理解。

《小团圆》是小说，无论写实成分多大，都不能看成自传。还是那句话，对得上人未必对得上事，对得上事未必对得上细节。或者反过来说，即便有些细节是真的，相关的事与人未必就能一概坐实。不过张爱玲说：“我在《小团圆》里讲到自己也很不客气，这种地方总是自己来揭发的好。当然也并不是否定自己。”（一九七五年七月十八日致宋淇）“《小团圆》……不是打笔墨官司的自白书，里面对胡兰成的憎笑也没像后来那样。”（一九七六年一月二十五日致宋淇）她并不回避《小团圆》中盛九莉与作者自己，邵之雍与胡兰成之间存在对应关系。

弄清楚上面两层意思，可以来谈一下《小团圆》的“真”与“假”及其可能的意义了。胡兰成《今生今世》有云：

“前时我在南京无事，书报杂志亦不大看，却有个冯和仪寄了《天地》月刊来，我觉和仪的名字好，就在院子里草地上搬过一把藤椅，躺着晒太阳看书。先看发刊辞，原来冯和仪又叫苏青，女娘笔下这样大方利落，倒是难为她。翻到一篇《封锁》，笔者张爱玲，我才看得一二节，不觉身体坐直起来，细细的把它读完一遍又读一遍。见了胡金人，我叫他亦看，他看完了赞好，我仍于心不足。

“我去信问苏青，这张爱玲果是何人？她回信只答是女子。我只觉世上但凡有一句话，一件事，是关于张爱玲的，便皆成为好。及《天地》第二期寄到，又有张爱玲的一篇文章，这就是真的了。这期而且登有她的照片。见了好人或好事，会将信将疑，似乎要一回又一回证明其果然是这样的，所以我一回又一回傻里傻气的高兴，却不问与我何干。

“这样胡涂可笑，怪不得我要坐监牢。我是政治的事亦像桃花运的胡涂。但我偏偏又有理性，见于我对文章的敬及在狱中的静。

“及我获释后去上海，一下火车即去寻苏青。苏青很高兴，从她的办公室陪我上街吃蛋炒饭，随后到她的寓所。我问起张爱玲，她说张爱玲不见人的。问她要张爱玲的地址，她亦迟疑了一回才写给我，是静安寺路赫德路口一九二号公寓六楼六五室。

“翌日去看张爱玲，果然不见，只从门洞里递进去一张字条，因我不带名片。又隔得一日，午饭后张爱玲却来了电话，说来看我。我上海的家是在大西路美丽园，离她那里不远，她果然随即来到了。”

《小团圆》未面世之前，有关胡张初识，止此一说。然而《小团圆》另有说法：

“‘有人在杂志上写了篇批评，说我好。是个汪政府的官。昨天编辑又来了封信，说他关进监牢了，’她笑着告诉比比，作为这时代的笑话。

“起先女编辑文姬把那篇书评的清样寄来给她看，文笔学鲁迅学得非常像。极薄的清样纸雪白，加上校对的大字朱批，像有一种线装书，她有点舍不得寄回去。寄了去文姬又来了封信说：‘邵君已经失去自由了。他倒是个硬汉，也不要钱。’

“九莉有点担忧书评不能发表了——文姬没提，也许没问题。一方面她在做白日梦，要救邵之雍出来。

“她鄙视年青人的梦。

“结果是一个日军顾问荒木拿着手枪冲进看守所，才放出来的。此后到上海来的时候，向文姬要了她的地址来看她。”

究竟谁去看谁，二书颇不一致。坊间以往各种张爱玲传，均从胡兰成说。《小团圆》一出，就有些麻烦了。然则，传记不能以小说为据，两种说法又都无其他材料提供佐证。张爱玲说，她“赶写《小团圆》的动机之一是朱西宁来信说他根据胡兰成的话动手写我的传记”（一九七五年十月十六日致宋淇）；可是看了《小团圆》，我们依然没法动手写张爱玲传。

若我们只当二人的话都是一种“说辞”，那么对照着看，也许会比单听一方所言更能接近“真实”。当初我读《今生今世》，明白胡何以想见张，却不明白张何以想见胡。觉得“又隔得一日，午饭后张爱玲却来了电话，说来看我”一句里，“却”字很扎眼，显然作者也不知道就中因由。及至读《小团圆》，这一疑惑始解。“有人在杂志上写了篇批评，说我好”，胡兰成确实写过《皂隶，清客与来者》——尽管发表在后——对张爱玲的《封锁》评价颇高；“一方面她在做白日梦，要救邵之雍出来”，亦见载《今生今世》。“《罗生门》那样的角度不同”，可能意味着一种相辅相成或相反相成的关系。

周作人讲过一个故事：“英国洛利勋爵在狱中写《世

界通史》，有一天看见窗外有人斗殴，甲打一个像是官吏的乙，乙立即抽剑刺他，甲以棍殴乙，遂同倒地上。次日有友来访，洛利告以所见。友订正之曰：乙非官吏而是西班牙使馆的仆人，是乙先打甲，并未拔剑，乃是甲抢去把乙刺死的。洛利不服，说亲见无误，友人说那时自己在场，为了夺取凶手的剑，颊上还受了微伤。洛利于客去后尽焚其稿，因为目睹尚难尽信，过去的事更无从说起了。”（《故事难讲》）《今生今世》自一九五四年三月开始写，至一九五九年三月写成，距二人初识已是十五年了；《小团圆》更写在《今生今世》完成十七年之后。而且洛利勋爵所“目睹”者与己无关，《今生今世》和《小团圆》讲的却是自家之事，更难做到客观真实。在前述例子里，胡张皆说“彼来看我”，或非偶然。

我曾列举世界文学史上类似《小团圆》之作，其中之一是蒲宁著《阿尔谢尼耶夫的一生》。据该书译后记介绍：“在小说中，阿列克谢·阿尔谢尼耶夫和丽卡的爱情史是以丽卡之死而告终的。但实际上，巴琴科与蒲宁的关系破裂之后便嫁给了作家的早年的朋友阿·尼·比比科夫。照穆罗姆采娃－蒲宁娜的说法，《阿尔谢尼耶夫的一生》之所以有这样一个结局，看来是因为‘作者希望他的生活就是如此’。”不能排除《小团圆》也有类似写法。

有意思的是，《小团圆》涉及相关人物，往往与张爱玲自己从前文章中的说法大相径庭。如《小团圆》提到徐衡不屑一顾，原来曾对其原型胡金人赞不绝口（《忘不了的画》《我看苏青》）；提到荀桦厌恶之至，原来曾对其原型柯灵深怀谢意（《走！走到楼上去》）。在楚娣与原型姑姑（《姑姑语录》）、比比与原型炎樱（《炎樱语录》《双声》、《吉利》《炎樱衣谱》）、文姬与原型苏青（《我看苏青》）之间，也有很大差异，显然不似过去写的那么热络了。

《小团圆》是张爱玲晚期之作，这或与她当时的心态不无关系。看过同样成于晚期的散文《重访边城》，也许更能理解这一点。文章写到她当年的台湾之行，在台北的向导是画家席德进；在花莲的向导没提名字，但说“麦家托他们的一个小朋友带我到他家乡花莲观光”，下文也只有“替我作向导的青年”、“我的青年朋友”、“年青的朋友”、“我的导游”、“那青年”字样。熟悉张爱玲生平的人当知道，此人乃作家王桢和，论当时及以后与张爱玲的关系，要比席德进密切得多。

按席德进生于一九二三年五月十五日，故于一九八一年八月三日；王桢和生于一九四〇年十月一日，故于一九九〇年九月三日。《重访边城》提到一九八二年十二月《时报周刊》第二五一期上的一张照片，应该写于此后，文章中还说“多年后根据当时笔记作此文，席德进先生已经去世”，大概因此文中才有席德进，而没有还活着的王桢和的名字。《重访边城》提名与否，与《小团圆》一反旧说，其间似有相通之处。

《重访边城》写到席德进与王桢和亦不过寥寥几笔。王桢和的作家身份、张爱玲在花莲寄宿王家都没提，连在台北与白先勇、王文兴、陈若曦、欧阳子、王桢和等人聚会也没提。相比之下，文中描写陌生人，如花莲风化区的妓女，池塘里劳作的女郎，倒是浓墨重彩，生动传神。反正张爱玲再也不像年轻时那样留意身边朋友说什么和做什么，甚至未必视他们为朋友了。她再也不写《炎樱语录》《双声》《姑姑语录》《我看苏青》、《忘不了的画》之类文章了。

二〇一〇年二月十七日

［附记］一九四五年六月三日《文编周刊》第二十五号载江涛《胡兰成离婚事件 张爱玲非君不嫁》一文有云："关于胡张之恋，这是去年以来喧腾京沪的一个谈话资料，然而谈到胡张之恋，就先得拉出苏青来。《天地》创刊号的苏青的《言语不通》和第二期胡兰成的《论言语不通之故》该是张爱玲认识胡兰成的开始，他们两人的'交情'是从这篇文章起始的。张的意思，因为拜读胡氏文章备致倾倒，想请苏青介绍认识胡氏的真面目。但当要开始认识时，胡氏因写了一篇《组织战时人民委员会与大纲》遽遭当局拘禁于特工机关，这消息由苏青传到张爱玲耳中，于是写了一封很长的交织钦仰与安慰情绪的信，交由苏青转寄，直待胡氏因无任何政治色彩的关系，经过四十八天的拘禁，便恢复了自由，到了上海，苏青就交出了张爱玲的信给他看，并告诉张爱玲的地址，希望胡氏能对这位文坛后起的女作家能多多提掖。在到上海不怎么受人注意的胡氏，一旦接读到这封至情流露的信时，心里是获得相当不少安慰的，于是第二天上午，情感驱使他踏上一座公寓八层楼去道谢，当然其因为张爱玲是含有'贵族血液'。但是第一次碰了壁，因胡氏只说有个姓胡的来拜访张女士，张照例是

答称出去了或生病，回绝见客，因此胡氏放了一张卡片，表示已经来道过谢而已。当天下午，在上海的胡氏寓所，突然出现了张爱玲的芳踪，她此来是抱病答访。”内容未必属实，聊备参考而已。

二〇二〇年七月十八日

《色，戒》与《小团圆》

我曾说，《色，戒》取材与张爱玲其他小说有别，因此往往被看作她的另类作品；由于故事发生在日据上海，男主人公是汉奸，女主人公想“这个人是真爱我的”，又被附会成张爱玲自己与胡兰成的关系的写照，乃至她的“自传”。其实王佳芝并不比张爱玲笔下别的女主人公更像作者，易先生则与胡兰成毫不相干。现在张爱玲的自传体小说《小团圆》出版了，书中以作者自己为原型塑造了盛九莉，以胡兰成为原型塑造了邵之雍，二人之间的关系已经得到充分清算，《色，戒》与《小团圆》写于同一时期，作者似乎没有必要再来编个故事影射。

不过《色，戒》与《小团圆》有些相同的描写，倒好像进一步印证了王佳芝与张爱玲，易先生与胡兰成彼此相关的推测。

其一，王佳芝和盛九莉都想过“这个人是真爱我的”，可是再看下文——

“这个人是真爱我的，她突然想，心下轰然一声，若有所失。……‘快走，’她低声说。”（《色，戒》）

“九莉想道：‘这个人是真爱我的。’但是一只方方的舌尖立刻伸到她嘴唇里，一个干燥的软木塞，因为话说多了口干。他马上觉得她的反感，也就微笑着放了手。”（《小团圆》）

在《色，戒》中，王佳芝的念头改变了全部现实，她因此成了另一个人，她的信念、事业、同志，一概都抛弃了；而在《小团圆》中，盛九莉的想法马上就被现实消解了，这只不过是她对邵之雍既执着又迟疑的爱情的一个小小插曲而已。

其二，王佳芝看易先生的“侧影”，盛九莉也看邵之雍的“侧影”——

“他的侧影迎着台灯，目光下视，睫毛像米色的蛾翅，歇落在瘦瘦的面颊上，在她看来是一种温柔怜惜的神气。”（《色，戒》）

“她永远看见他的半侧面，背着亮坐在斜对面的沙发椅上，瘦削的面颊，眼窝里略有些憔悴的阴影，弓形的嘴唇，边上有棱。”（《小团圆》）

然而在《小团圆》中，盛九莉并不止看邵之雍一个人的“侧影”。后文写她与燕山相恋，二人去看电影：

“她跟他去看了两次。灯光一暗，看见他聚精会神的侧影，内行的眼光射在银幕上，她也肃然起敬起来。像佩服一个电灯匠一样，因为是她自己绝对做不到的。‘文人相轻，自古皆然。’”

说来张爱玲一向喜欢描写“侧影”，她心目中“情人眼”常体现于此，如《年青的时候》写道：“潘汝良读书，有个坏脾气，手里握着铅笔，不肯闲着，老是在书头上画小人。他对于图画没有研究过，也不甚感兴趣，可是铅笔一着纸，一弯一弯的，不由自主就勾出一个人脸的侧影，永远是那一个脸，而且永远是向左。从小画惯了，熟极而流，闭着眼能画，左手也能画，唯一的区别是，右手画得圆溜些，左手画得比较生涩，凸凹的角度较大，显得瘦，是同一个人生了场大病之后的侧影。”待到他在语言专修学校的学生休息室里遇到女打字员沁西亚，“她的脸这一偏过去，汝良突然吃了一惊，她的侧面就是他从小东涂西抹画到现在的唯一的侧面，错不了，从额角到下巴那条线。怪不得他报名的时候看见这俄国女人就觉得有点眼熟。他再没想到过，他画的原来是个女人的侧影，而且是个美丽的女人。口鼻间的距离太短了，据说那是短命的象征。汝良从未考虑过短命的女人可爱之点，他不过直觉地感到，人中短了，有一种稚嫩之美。她的头发黄得没有劲道，大约要借点太阳光方才是纯正的，圣母像里的金黄。唯其因为这似有如无的眼眉鬓发，分外显出侧面那条线。”潘汝良的“脾气”，传给盛九莉了。

这大概近乎金圣叹《读第五才子书法》所谓“正犯法”或“略犯法”，据此在《色，戒》与《小团圆》之间强作联系，未免牵强。再说易先生是特务头子，心狠手辣，“他一脱险马上一个电话打去，把那一带都封锁起来，一网打尽，不到晚上十点钟统统枪毙了”，连同王佳芝在内。邵之雍则是旧式文人，满脑子“二美三美团圆”，哪有易先生这副手段。

二〇〇九年五月十日

《异乡记》杂谈

张爱玲在《惘然记》中说："此外还有两篇一九四〇年间的旧作。《联合报》副刊主编痖弦先生有朋友在香港的图书馆里旧杂志上看到，影印了两篇，寄来问我是否可以再刊载。一篇散文《华丽缘》我倒是一直留着稿子在手边，因为部份写入《秧歌》，迄未发表。"对此我曾有疑问：第一，一九四七年四月《华丽缘》在《大家》第一期揭载，杂志"编后"将该篇当作"张爱玲小姐的小说""郑重向读者介绍"，并说："张爱玲小姐除掉出版了《传奇》增订本和最近为文华影片公司编写《不了情》剧本，这二三年之中不曾在任何杂志上发表过作品，《华丽缘》是胜利以后张小姐的'试笔'，值得珍视。"然而作者自己却称之为"散文"。第二，《华丽缘》并无"部份写入"《秧歌》，说它“迄未发表”也与“在旧杂志上看到”抵牾。

现在看到张爱玲的遗作《异乡记》，我才明白“一直留着稿子在手边”、“迄未发表”、“部份写入《秧歌》”的，其实是《异乡记》。《华丽缘》与《异乡记》性质相当，乃纪实作品，所以说是“散文”而非“小说”。

《华丽缘》与《异乡记》写的都是张爱玲一九四六年初从上海去温州途中的见闻。宋以朗提到《异乡记》“只第九章有一句提及《华丽缘》的社戏，却没有详细描写”，那一句是：“这两天，周围七八十里的人都赶到闵家庄来看社戏。”作者将此单独写成《华丽缘》交付发表，而《异乡记》只保留下来一个写满八十页的笔记本，后面部分已经遗失。

作者后来写《小团圆》，第九章系由《华丽缘》删节而成；第十章前八个自然段与《异乡记》残稿内容相合，不过简略多了。

《华丽缘》被《大家》误认为小说，编者除了不了解所写内容并非虚构——外人大概根本不知道作者曾有温州之行——还可能将文中的“我”当作小说的第一人称叙述者了，以为就像张爱玲著《殷宝滟送花楼会》中的“我”。

那实际上还是一个人物，虽然那里“我”被殷宝滟径直称作“爱玲”。而《华丽缘》以及《异乡记》中的“我”，其实是作者自己。

查看《异乡记》手稿，前两页和第三页开头，“我”系涂改而成。最初或有名字，但已无法辨认；或写作“她”。从第三页起，直接写作“我”了。第二章中“我”还有个“沈太太”的称呼，共出现两次：

“好容易等到闵先生来了，给我介绍说：‘这是沈太太，’讲好了让她在这里耽搁两天，和蔡太太一床睡，蔡先生可以住在医院里。”

“闵先生笑着说：‘明天要走了。……要走了，下次来一定陪蔡太太打牌。——沈太太已经睡了么？’我面朝里躺着。听到闵先生的声音，仿佛见了亲人似的，一喜一悲，我一直算是睡着了没作声，可是沿着枕头淌下眼泪来了。”

显然“沈太太”只是文中闵先生对别人的说法，亦即后文所说“依照闵先生所编的故事，我是一个小公务员的女人，上 × 城去探亲去的”，是对“我”的身份的一种掩饰。在前一例中，在“沈太太”之后特地用了一个“她”字，仿佛暗示“我”对此并不认同。

不过就像《华丽缘》中的“闵少奶奶”，《异乡记》中其他人物也都不用真名。“闵先生”，据胡兰成著《今生今世》，真名叫斯颂远；此外姑姑写作“二姨”、胡兰成被“我”称为“拉尼”等等，倒近乎小说写法了。至于文中的地名，多半都是真的，写作“永浬”以及“× 城”、“× ×”者，也许是当时她没听清楚，或没记清楚；只有一个“闵家庄”，大概是依从“闵先生”而取的名字，《今生今世》只说那里是“斯宅”。

宋以朗说：“重看了张爱玲部分作品后，我终于明白《异乡记》的两重意义：它不但详细记录了张爱玲人生中某段关键日子，更是她日后创作时不断参考的一个蓝本。”《异乡记》作为素材，先后被张爱玲用进《半生缘》《秧歌》《赤地之恋》《怨女》和《小团圆》中。

这里最重要的，可能还是《异乡记》“部分写入《秧歌》”。宋以朗列举了“如《秧歌》第一章写茅厕、店子、矮石墙，以及谭大娘买黑芝麻棒糖一段，都见于《异乡记》第五章；《秧》第六章写‘赵八哥’一节，则本于《异》第九章写的‘孙八哥’；《秧》第十一章把做年糕比作‘女娲炼石’，见《异》的第四章；《秧》第十二章写杀猪，则出自《异》的第五章”，而《异乡记》手稿第七章某些修改痕迹，显然是后来“写入”《秧歌》第五章时留下的。

如手稿第四十二页，最初写道：“晒着太阳，女人腰里痒起来，掀起棉袄看看，露出黄白色的肉。抓了一会，她疑心是男人的棉袄上有虱子，又把他那件棉袄摊开来看看，然后把他的袖子掏出来，继续补缀。”

修改为：“晒着太阳，月香觉得腰里痒起来，掀起棉袄看看，露出一大片黄白色的肉。抓了一会，她疑心是男人的衣服上有虱子，又把他那件棉袄摊开来看看，然后把他的袖子掏出来，继续缝补。”

再看《秧歌》：“太阳晒在身上暖烘烘的，月香觉得腰里痒起来，掀起棉袄来看看，露出一大片黄白色的肉。她搔了一会痒，把皮肤都抓红了，然后她突然疑心起来，又把金银那件棉袄摊开来，仔细看了看，什么都没有。于是她又把他的袖子掏出来，继续补缀。”

第四十三页，初稿：“一只狗钻到男人椅子底下。在他的臀后摇着蓬松的尾巴。”

修改：“一只狗钻到男人椅子底下。一根蓬松的尾巴。

在他的臀后摇摆着，就像是金根的尾巴一样。”

《秧歌》：“一只黄狗钻到金根椅子底下寻找食物。一条蓬松的尾巴在金根背后摇摆着，就像是金根的尾巴一样。”

同页，初稿：“男人先吃完，掇转椅子，背对着女人，伛偻着抽旱烟。”

修改：“金根先吃完，他掇转椅子，似乎是有意地，把背对着月香，伛偻着抽旱烟。”

《秧歌》：“金根先吃完，他掇转椅子，似乎是有意地，把背对着月香，佝偻着抽旱烟。”

这也就是《异乡记》中出现《秧歌》的人物金根、月香名字的缘由。

附带提一下，柯灵在《遥寄张爱玲》中说，张爱玲“平生足迹未履农村，笔杆不是魔杖，怎么能凭空变出东西来！这里不存在什么秘诀，什么奇迹”，实际上张爱玲写《秧歌》，有关农村的生活经验就来自《异乡记》所记录的当年的温州之行。柯灵对此似无所知。

二〇一〇年四月十日

张爱玲文话

张爱玲生前，皇冠文化出版有限公司出版其全集十六卷。她身后又有别人所编《同学少年都不贱》（二〇〇四年二月）、《沉香》（二〇〇五年九月）和《重访边城》（二〇〇八年九月）印行，分列《张爱玲全集》第十七、十八和十九卷，增收《四十而不惑》《一九八八至——？》《有几句话同读者说》《〈太太万岁〉题记》《〈亦报〉的好文章》《信》《回顾〈倾城之恋〉》《对现代中文的一点小意见》《忆〈西风〉》《重访边城》《天地人》等十一篇散文。

《同学少年都不贱》另收“译作四种”，有两种是《爱默森的生平与著作》、《梭罗的生平与著作》，原载林以亮编《美国诗选》（今日世界出版社一九六一年出版）。该书体例如编者序所言：“在每位诗人的译诗之前，总有一篇极详尽的文章，介绍这位诗人的生平和著作，也等于是一篇小传和介绍。”在目录中，文章与译诗是分列的。在正文中，《爱默森的生平和著作》和《梭罗的生平和著作》署“张爱玲”，后面的诗歌另署“张爱玲译”。

复查《爱默森的生平和著作》及《梭罗的生平和著作》二文内容，只是介绍爱默森、梭罗的生平和著作，并无一语解说她所翻译的诗作，甚至没有提到这些作品的名字，可知两篇文章与翻译的诗作之间并无直接联系。《美国诗选》一书有些介绍文章与译诗非出自同一人之手，如余光中作《克瑞因的生平和作品》、《佛洛斯特的生平和作品》、《桑德堡的生平和作品》、《蒂丝黛儿的生平和作品》，克瑞因的诗系邢光祖译，佛洛斯特的诗系梁实秋、余光中、夏菁、林以亮译，桑德堡的诗系邢光祖译，蒂丝黛儿的诗系余光中、林以亮译，林以亮作《艾肯的生平和著作》，艾肯的诗系林以亮、余光中译，这更说明介绍文章与译诗并非不可分割。

《同学少年都不贱》目录及正文中，将原来《美国诗选》中分别排列的文章与译作混为一体，张爱玲所写文章遂被误认为译作了。

我编简体字版《张爱玲全集》，即将《爱默森的生平和著作》和《梭罗的生平和著作》二文收入散文卷，而张爱玲所译爱默森和梭罗的诗则拟收入翻译卷。散文卷还增收了《汪宏声〈记张爱玲〉书后》（载一九四四年十二月上海《语林》第一卷第一期，原无题）、《致〈力报〉编者》（载一九四四年十二月上海《春秋》第二年第二期，原无题）、《不得不说的废话》（载一九四五年一月《语林》第一卷第二期）、《秘密》（载一九四五年四月一日上海《小报》）、《丈人的心》（载一九四五年四月三日上海《小报》）、《吉利》（载一九四五年四月上海《杂志》第十五卷第一期）、《人间小札》（载一九七八年四月十一日台北《中国时报·人间》）和《编辑之痒》（载一九九三年十二月二十八日台北《联合报》副刊）等八篇散文。

以后陈子善又发现了张爱玲的《炎樱衣谱》（载一九四五年四月六日、七日、八日、九日上海《力报》）。

张爱玲《〈张看〉自序》中有段话："因此我同意唐教授将这些材料寄出去，刊物由他决定。一方面我写了一段简短的前言，说明这两篇小说未完的原因，《幼狮文艺》登在《连环套》前面。《文季》刊出《创世纪》后也没有寄一本给我，最近才看到，前面也有删节了的这篇前言。”所云“前言”向未收入集中。另外陈子善著《这些人，这些事：在文学史视野下》中影印了张爱玲《〈草炉饼〉后记》手迹，也是一篇集外文。我因给皇冠编辑金文蕙写信，请她查一下两篇文章的出处。金小姐不仅找到了《〈连环套〉〈创世纪〉前言》（载一九七四年六月号《幼狮文艺》，原无题）、《〈草炉饼〉后记》（载一九九〇年一月二十日《联合报》副刊），还发现了一篇《把我包括在外》（载一九七九年二月二十六日《联合报》副刊）。另外一九八三年十二月号《皇冠》发表的《惘然记》还有一篇“前言”，收入书中时被删掉了。这些分别增收进皇冠文化出版有限公司二〇一〇年四月出版的《张爱玲典藏》之第十一卷《华丽缘》、第十二卷《惘然记》和第十三卷《对照记》。

前不久我去香港拜访宋以朗时，得阅张爱玲手稿若干。其中有一篇题为《后记》的文字：

“洛杉矶时报有个副刊题名 *View*（观赏），兼收社交时装占星，以及妇女问题信箱，书评与连环图画。一九九四年五月改名 *Life and Style*（生活与时尚），将流行名词

Life style（生活作风，一般专指豪华或放浪的生活作风）一分为二，既浑成又俏皮。又新辟一个笑话专栏*Laugh lines*，要读者听见什么笑话就寄给他们。我不是订户，只隔几天买份报，所以不太确定副刊改名的日期，反正大概是五月。

“在这以前一年，一九九三年三月号的皇冠登载我这篇《笑纹》，文内说笑话专栏可以叫*Laugh lines*。现在洛杉矶华人多，不是不可能有皇冠读者向这美西第一大报建议采用这名称。当然也无法指控他们抄袭，只能相信纯属巧合。倒是我需要声明我不是剽窃。

“顺便再提一声，这里的五篇散文前三篇是一九四四年的作品。头两篇是我将《倾城之恋》小说改编为舞台剧，上演时写的。”

我还看到一封张爱玲给皇冠编辑方丽婉的信，无写作时间，唯云“祝暑祺”，所谈的是《对照记》单行本勘误问题。《对照记》一九九四年六月在台湾出版，七月在香港出版，信中云“万一港版还没付印”，估计写在当年六七月间。然查港版一印错如台版，或许未及改正。信中又云“卷尾还要再加上附寄来的《后记》”，即指此文。但《对照记》以后各版不见收录，此文亦未发表。

《对照记》包括《对照记》和《散文六帙》两部分。"六帙"依次为：《罗兰观感》《被窝》《关于〈倾城之恋〉的老实话》《"嗄？"？》《草炉饼》《笑纹》。上面那篇后记应该是《笑纹》的，故云"这里的五篇散文"，《笑纹》不计算在内。类似情况有《张看》一书卷末《附记》，上来说"以上两篇'少作'近来又陆续出土了"，实为该书末尾两篇《论写作》和《天才梦》的附记，目录里没有列出。

《后记》中说"前三篇是一九四四年的作品"，指《罗兰观感》、《被窝》和《关于〈倾城之恋〉的老实话》；"头两篇是我将《倾城之恋》小说改编为舞台剧，上演时写的"，却与"六帙"排列顺序不合。这说的是《罗兰观感》和《关于〈倾城之恋〉的老实话》，而《被窝》与该话剧无甚关系。按照张爱玲的意思，似乎《被窝》和《关于〈倾城之恋〉的老实话》应该调换一下位置。

二〇一〇年六月二十一日

[附记] 简体字版《张爱玲全集》散文卷，以后又增

收了《异乡记》（据手稿）、《寄读者》（载一九四六年八月二十五日《诚报》）、《年画风格的〈太平春〉》（载一九五〇年六月二十三日《亦报》，署名梁京）和《爱憎表》（据手稿）等篇。另有《张爱玲女士来函》（载一九四四年八月二十八日《海报》）、《不变的腿》（载一九四六年六月十五日《今报》，署名世民）待补入。

二〇二〇年八月十一日

张爱玲与视觉艺术

张爱玲诞辰九十周年纪念研讨会这一场的题目是“张爱玲与视觉艺术”。视觉艺术的范围很大，在张爱玲那个时代，与她有关系的有话剧、电影，还有服装设计。大家对张爱玲最熟悉的恐怕还是她的照片，其次才是她的作品，说来她这个人本身就是视觉艺术的一部分。凡是与视觉有关的，都可以在此说一说，不过由于时间有限，今天只讲她的作品。

在讨论张爱玲的话剧与电影创作之前，我想先谈谈她的小说和散文。举个例子，《金锁记》的开头：“三十年前的上海，一个有月亮的晚上……我们也许没赶上看见三十年前的月亮。年轻的人想着三十年前的月亮该是铜钱大的一个红黄的湿晕，像朵云轩信笺上落了一滴泪珠，陈旧而迷糊。老年人回忆中的三十年前的月亮是欢愉的，比眼前的月亮大，圆，白；然而隔着三十年的辛苦路望回看，再好的月色也不免带点凄凉。”她笔下这个月亮，是读者所难忘的。

刚才谈到的话剧也好，电影也好，正确的说法应该是视听艺术，其中除了视觉，还有听觉。再来看《倾城之恋》：“胡琴咿咿哑哑拉着，在万盏灯的夜晚，拉过来又拉过去，说不尽的苍凉的故事——不问也罢！……胡琴上的故事是应当由光艳的伶人来搬演的，长长的两片红胭脂夹住琼瑶鼻，唱了，笑了，袖子挡住了嘴……然而这里只有白四爷单身坐在黑沉沉的破阳台上，拉着胡琴。”我们读张爱玲的作品，总是强烈地感受到文字所传达的视觉效果和听觉效果，张爱玲对这两样东西比同时代的其他作家有更多的关注，这已经成为她的风格的一部分了。

她的散文也很能体现这一点。《公寓生活记趣》写道：“如果你放冷水而开错了热水龙头，立刻便有一种空洞而凄怆的轰隆轰隆之声从九泉之下发出来，那是公寓里特别复杂，特别多心的热水管系统在那里发脾气了。”这是我们住公寓的人常常听到的，可是不记得有谁这么传神地描写过。张爱玲笔下诸如此类的描写特别多。我们读她的每一篇作品，都可以强烈地感觉到作者对视觉和听觉那么敏感，而且她这些东西表达得那么好。这不能不使人相信，张爱玲这样一位作家，不会仅仅满足于用文字来表达自己这么丰富，这么独特的感受；如果有机会，她一定会采用另外一种更直接的诉诸视觉和听觉的艺术手段与我们进行交流。

张爱玲很早就对电影产生兴趣。她从香港回到上海，不久就从事写作，最早是用英文写的，发表在英文报纸 *The Shanghai Times*（《上海泰晤士报》）和英文杂志 *The XXth Century*（《二十世纪》）上。《二十世纪》容易见到，《上海泰晤士报》还得请陈子善老师想法子替我们"发掘"一下。张爱玲在《二十世纪》发表了九篇文章，有六篇是影评。上午谈到"张爱玲的文学视野"时，我说这个视野超出了文学之外，就包括电影在内。后来她把其中两篇以中文改写为《借银灯》和《银宫就学记》。这又涉及到上午另一个题目"张爱玲的双语写作"，她的很多作品都是用双语写作的。前些时北京的藏书家谢其章发现了张爱玲的"佚文"《年画风格的"太平春"》（载一九五〇年六月二十三日《亦报》，署名梁京)，这是目前所知张爱玲写的最后一篇影评。从这个题目就可以看出，张爱玲特别关注电影的视觉效果。

我们今天开这个会，是想给大家一个印象：张爱玲是一位内在张力很大的作家。她写旧式贵族生活，也写底层生活；写城市，也写农村；用中文写作，也用英文写作；写小说、散文，也写话剧、电影和广播剧剧本，而且在她的一些电影里所体现的价值观与她的小说、散文有很大不同。下面一个单元“张爱玲的晚期风格”，还会介绍张爱玲不是只用一种风格写作。张爱玲的生活经验丰富，文学视野宽阔，写作形式多样。我们过去对张爱玲的认识太局限了，对她的理解太狭隘了。张爱玲这些年很“热”，但不管喜欢她的还是不喜欢她的人，所喜欢或不喜欢的其实都只是真正的张爱玲的一小部分。这里就来谈谈作为编剧的张爱玲。

张爱玲与视觉艺术或视听艺术发生关系，除了写影评之外，在创作上，则是在一九四四年把自己的小说《倾城之恋》改编成了话剧。该剧上演曾在上海轰动一时，非常遗憾的是剧本没有发表，迄今下落不明。不过我看过人家排练话剧，剧本起码要抄写或打印给导演、演员人手一份，所以我想这个东西不止一份，也许有一天陈老师可以找到。关于《倾城之恋》，目前我们只能看到当时的评论和张爱玲自己写的相关文章。

一九四五年后，政治气候变了，原来发表张爱玲作品的杂志都停办了，文坛已经没有她的容身之地。但此后她有机会从事电影剧本的写作，一共编了三部，最后一部《金锁记》没有拍摄，前两部《不了情》、《太太万岁》一九四七年拍成电影，均由桑弧导演，现在我们有幸还能看到。

张爱玲写过一篇《自己的文章》，说："我发现弄文学的人向来是注重人生飞扬的一面，而忽视人生安稳的一面。其实，后者正是前者的底子。又如，他们多是注重人生的斗争，而忽略和谐的一面。其实，人是为了要求和谐的一面才斗争的。"这一观念在她的不少作品里都有所体现，但要数《太太万岁》体现得最为充分。她在《〈太太万岁〉题记》里说："《太太万岁》是关于一个普通人的太太。上海的弄堂里，一幢房子里就可以有好几个她。"我们观察张爱玲上世纪四十年代的创作历程，会发现她的关注点越来越放在普通人的生活上，从这个意义上讲，《太太万岁》的编写正是她此前小说创作的延续和发展。

关于《太太万岁》的女主人公陈思珍，张爱玲说："如果她有任何伟大之点，我想这伟大倒在于她的行为都是自动的，我们不能把她算作一个制度下的牺牲者。"上午我们谈到张爱玲的文学视野，我曾说有个深度问题。张爱玲与她同时代的作家的不同之点，就在这里。陈思珍不是"一个制度下的牺牲者"，她无意也无力推翻这个制度，她的所有"自动"，都旨在其中找到自己的一块立足之地。我觉得张爱玲一生写作始终关注的就是一个人在这世界上活着，要有一块小小的立足之地。《金锁记》里，金钱是曹七巧的立足之地；《倾城之恋》里，婚姻是白流苏的立足之地；后来的《色，戒》，被人真正所爱是王佳芝的立足之地。而在《太太万岁》里，陈思珍用了各种谎言，来把自己的位置和生活维持下去，这就是她的立足之地。作为编剧的张爱玲是整个张爱玲的一个重要组成部分。当外界因素对她写小说有阻碍的时候，她用另外一种方式更充分地表达了自己。

电影《不了情》和《太太万岁》在张爱玲创作历程中

占有重要位置，但是很遗憾，原著剧本都没有保留下来。后来郑树森、陈子善两位根据音像制品先后整理出了《太太万岁》和《不了情》。然而我们知道，在一部电影的拍摄过程中起着决定作用的是导演，即便是对白，演员表演时也会由导演安排有所增减改动，不会全按编剧所写剧本照念。所以我编《张爱玲全集》，没有收录这两个“整理本”。拍电影，剧本同样需要不止一份，保留下来不无可能。希望陈老师继续努力。

从一九五六年到一九六四年，张爱玲为香港电懋影业公司编写剧本。一共有十部，拍摄了八部，剧本都保存至今，就是《人财两得》（一九五八年一月上映，影片佚）、《情场如战场》（一九五七年五月上映）、《桃花运》（一九五九年四月上映，影片佚）、《六月新娘》（一九六〇年一月上映）、《小儿女》（一九六三年十月上映）、《南北一家亲》（一九六二年十月上映）、《一曲难忘》（一九六四年七月上映，影片佚）、《南北喜相逢》（一九六四年九月上映），其中有些是原创的，有些是改编的；没拍的两部中，《魂归离恨天》原稿还在，《红楼梦》已经遗失。张爱玲编写这些剧本时，还在做一件对自己来讲更重要的事，就是写英文小说，包括 *The Fall of the Pagoda*（《雷峰塔》）和 *The Book of Change*（《易经》）在内，虽然这两部作品当时未能出版。她需要同时做另外一件事来养活自己，这样才能去写这些小说，这就是给电懋公司编写剧本。这种事情在世界文学史上也有先例，美国小说家福克纳就是好莱坞的一位编剧。前不久去世的英国剧作家品特，也编电影剧本。这两位都是诺贝尔文学奖获得者，电影剧本肯定算不上他们值得一提的作品。同样，张爱玲为电懋编写的这些剧本，既不是她一生，也不是她这一时期的重要作品。

张爱玲的电懋剧本与《不了情》、《太太万岁》不能相提并论。那两部基本上属于我们现在讲的文艺片，编剧的意思在拍成的影片中能够得到比较充分的体现，尤其编剧是张爱玲，导演是桑弧，他们俩肯定很合拍的。当然这种电影拍出来也希望有更多观众，也需要票房，但是毕竟主要旨在表达编导的想法和追求。张爱玲给电懋编剧本就有所不同，第一，这些剧本编了要能拍，第二，拍了要有人看，第三，看的人越多越好，——虽然说来好像还是一回事，可是编剧自己的意思较之文艺片就要少之又少了。这里最重要的是，张爱玲为电懋编写剧本，首先在基本价值观上必须与多数观众相一致。所以，对于这些剧本，我们看到更多的是批评，觉得它们与张爱玲写的小说大相径庭。

不过在我看来，这里还是可以发现一些张爱玲一以贯之的东西。她为什么能够与香港观众或者干脆说香港市民在某些方面产生共鸣，编出一个又一个为他们所欢迎的剧本呢，首先因为她懂得他们。张爱玲的剧作惟妙惟肖地描绘了“小奸小坏”的众生相，这里有他们的笑，他们的爱，他们的烦恼，他们的幸福。张爱玲对此有很深的理解。可以说这些剧本展现了张爱玲的另一面：她并不像很多人想象的那样孤芳自赏，她对于与自己不同的，甚至是截然相反的东西也有所理解，有所包容。其次，张爱玲是一个很会编故事的人，她的剧本确实都编得很巧妙。这些剧本多为喜剧，从中可以看到她的好玩、轻松和聪明，而这在她的小说里不大体现出来。

张爱玲在她的剧本里，也充分地运用了自己的生活经验。可以举两个例子，一是《小儿女》的开头，在公共汽车上，女主人公以为后面有人摸她屁股，回头打了那个人一耳光，其实人家拿了一篓螃蟹，是螃蟹钳夹了她的裙子。这就使我们联想到《小团圆》里那个著名的公共汽车上“夹腿”的细节。顺便说一句，《小儿女》中李秋怀说：“我没法跟回忆竞争。”王鸿琛答：“我不能靠回忆过日子。”是张爱玲的剧本少见的那种所谓“兀自燃烧的句子”。一是《太太万岁》，女主人公陈思珍的父亲——由石挥扮演，《太太万岁》是一部很完美的电影，唯一遗憾的就是石挥演得有点过火，可我看当时的影评，却说他演得最好——自号“爱兰室主”，这让我想起周瘦鹃，周瘦鹃编过一系列以“紫罗兰”命名的杂志，特别喜欢紫罗兰，是因为他追求过的人英文名字叫 violet（紫罗兰）。

张爱玲为电懋编写的九个剧本，加上她为美国之音编写的广播剧《伊凡生命中的一天》，现已整理出版。我曾对比了几个剧本和根据它们拍成的电影，其间还是存在着一些差别。电影比剧本更接近于市民口味。如《六月新娘》的主演是葛兰，她很能唱，张爱玲编剧本时并未想到将来由谁来演，没有安排人物唱歌的内容。然而《六月新娘》电影一开始，就有很长的一段由葛兰唱的歌。在船上，还有葛兰与男演员田青的一大段对唱，这已经像一部歌舞片了。这些都是原来剧本里没有的。还有一段是女主角做的一个梦，剧本只是写她梦到什么，但拍成的电影却采取了葛兰、张扬、田青和乔宏演唱的形式。从剧本本身来看，张爱玲并没有那么迎合观众，她还是要考虑情节的合理性的。

《情场如战场》电影与剧本相比，变化就更大了。我看这部电影，觉得叶纬芳与史榕生、叶纬苓与陶文炳的关系都嫌简单，后者甚至草率到不合理；回过头去看剧本，却要曲折得多，细腻得多，也周密得多。电影中陶文炳和何启华教授都很脸谱化，叶纬芳与他们的周旋也就显得格调不高，剧本对陶、何二人的刻画则有分寸得多，于陶介绍“稍有点浮浅轻率”，于何只介绍“貌不扬”，叶纬芳还说他“完全学者风度”。此外电影中陶、何打架所占的戏份大到失衡的程度，剧本则以更多篇幅用于将叶纬芳与史榕生、叶纬苓与陶文炳关系的发展过程交待清楚。叶纬芳可以说是张爱玲的电影剧本唯一真正塑造成功的人物。从某种意义上讲，《情场如战场》剧本有如《红玫瑰与白玫瑰》的“前传”，叶纬芳好比成了王士洪太太之前的王娇蕊，但还没做到“太好的爱匠”，只是自恃年轻漂亮，所以任性使意，这里分寸最难把握，过犹不及，电影并没有表现得恰到好处。

前面提到张爱玲是一位内在张力很大的作家，她可以做这个，也可以做那个。现在张爱玲为大家所喜爱，她写的每个字都很受关注，可是在她生前，创作生涯实际上是很坎坷的，有好多事并不如意。我读了她的这些剧本，突出的感觉就是张爱玲是在不得不做的情况下，总是努力做到最好。

我们现在谈“张爱玲与视觉艺术”，还涉及另外一部分：这些年来，张爱玲的小说不断被人改成影视作品，包括许鞍华的《倾城之恋》、《半生缘》，关锦鹏的《红玫瑰和白玫瑰》，侯孝贤的《海上花》和李安的《色，戒》。张爱玲在给宋淇的信中提到王家卫希望改编她的作品，迄今为止，好像还没有改编成。内地也有电视剧《金锁记》、《倾城之恋》，等等。严格来说，这些不在我们今天的话题之内，因为这是别人的而不是张爱玲的视觉艺术。

不过有一点可以谈，就是这些作品有的声名显赫，有的默默无闻，有的口碑很好，有的骂声一片，而我更关心的是这些作品里面的张爱玲——作为原作者，冥冥之中她是怎样“对付”这些导演的呢。刚才我们谈到张爱玲对于视觉和听觉是非常敏感的，可以非常精彩地将这些感觉表现出来，她本身又是一位电影编剧，知道这门艺术是怎么回事。

我在看这些根据她的作品改编的电影时，感受最深的是张爱玲的一句话：“我是名演员嘉宝的信徒，……记得有一幅漫画以青草地来譬喻嘉宝，上面写明‘私家重地，请勿践踏’。”也就是说，什么应该用小说表达，什么应该用别的艺术形式表达，进一步说，什么应该用小说而不应该用别的艺术形式表达，张爱玲对此一清二楚。

我举《色，戒》里的两个例子。《色，戒》是一部影响很大的电影，上映之前我写过一篇小文章，担心原作有两个关键之处不好表现。其一，首饰店里，“陪欢场女子买东西，他是老手了，只一旁随侍，总使人不注意他。此刻的微笑也丝毫不带讽刺性，不过有点悲哀。他的侧影迎着台灯，目光下视，睫毛像米色的蛾翅，歇落在瘦瘦的面颊上，在她看来是一种温柔怜惜的神气。这个人是真爱我的，她突然想，心下轰然一声，若有所失。”这个念头使得王佳芝变成了另外一个人。此前她一心要置易先生于死地；可是因为这个突如其来的念头，整个情节和包括易先生和王佳芝在内的人物命运都被彻底改变了。揭示人物这么深刻而巨大的心理变化，小说轻而易举；电影却没有办法让观众光靠眼睛就能搞清“此王佳芝已非彼王佳芝”。李安在这一场戏之前做了大量铺垫，包括安排本来无甚必要的床上戏，无非都是为了使得王佳芝的那个念头不那么突然，也不那么重要。但是是否做到了合情合理，是否使观众得以理解王佳芝的举动，仍然是很可质疑的。另一个例子是在将近结尾处，小说写道：“他一脱险马上一个电话打去，把那一带都封锁起来，一网打尽，不到晚上十点钟统统枪毙了。”接下去写：“她临终一定恨他……”我第一次读《色，戒》稍不留神，还想王佳芝哪儿去了呢。好像从来没有见过一位作家这么对待自己的主人公的。什么叫“统统”呢，就是把她像掸一粒灰尘一样地轻轻掸掉了。王佳芝作为一个人，已经可以忽略不计了。这两个字真有千钧之力。而在电影里，我们看到在刑场上，王佳芝和同伙跪在那里，等着被枪毙……这比那个“统统”的表现力差得太多了。这不是李安功力不够，是他没有办法。张爱玲作为一位小说家，掌握着一种力量，换了别的艺术形式，这种力量就不见了。《色，戒》可以说是一位伟大的小说家、一部杰出的作品提醒别人“私家重地，请勿践踏”的好例子。

再举一个还没有拍过电影的例子。张爱玲的小说《花凋》的结尾，女主人公郑川嫦病得很重，“郑夫人在衖堂口发现了一家小鞋店，比众特别便宜。因替阖家大小每人买了两双鞋。川嫦虽然整年不下床，也为她买了两双绣花鞋，一双皮鞋，现在穿着嫌大，补养补养，胖起来的时候，那就‘正好一脚’。但是川嫦说：‘等这次再胖起来，可再也不想减轻体重了！要它瘦容易，要想加个一磅两磅原来有这么难的哟！想起从前那时候怕胖。怕胖，扣着吃，吃点胡萝卜同花旗橘子——什么都不敢吃——真是呵……’她从被窝里伸出一只脚来踏在皮鞋里试了一试，道：‘这种皮看上去倒很牢，总可以穿两三年呢。’”下面一句话是：“她死在三星期后。”这正是《老了》说的“天地不仁”、“天道无亲”。张爱玲笔下这种表现力，恐怕没有一位导演，能够在银幕上同等地传达出来。

以上就是我关于“张爱玲与视觉艺术”的一点粗浅的看法，可以归纳成几句话：第一，张爱玲本身是个非常关注视觉的作家；第二，张爱玲是个很会运用视觉的作家；

第三，张爱玲创作了或参与创作了很多视觉艺术的作品；第四，张爱玲非常清楚视觉艺术的局限性，而她通过小说这种形式所表达的意义，所展现的力量，往往是我们采用视觉艺术所难以表达和展现的。

二〇一〇年十一月二十九日，

在北京张爱玲诞辰九十周年纪念研讨会讲

关于“南玲北梅”

《梅娘近作及书简》中《北梅说给南玲的话》一篇有云：“一九四二年末，北平的马德增书店和上海的宇宙风杂志联合筹办了一项读者调查‘谁是最受欢迎的女作家’。结果，张爱玲和我双双名列榜首，从此，就有了‘南玲北梅’之说。”提及这个话题，论家多循此说，然而却有两点可议。第一，张爱玲在“一九四二年末”不可能被推举为“最受欢迎的女作家”，她甚至连“女作家”都不是，因为后来收入《传奇》、《流言》的作品，一篇还没有写出来。据陈子善编《张爱玲年表》，她一九四二年夏由香港返回上海，秋季插班入圣约翰大学文科四年级就读，十一月辍学，开始专事写作。一九四三年一月，首次在《二十世纪》月刊发表英文作品。五至六月，《紫罗兰》杂志连载《沉香屑：

第一炉香》，是为《传奇》之第一篇。至于《传奇》单行本出版，则是一九四四年八月的事情了。顺便说一句，梅娘在《我与张爱玲》一篇中说：“一九四二年，当社会上把‘南玲北梅’并称的时候，我读了张爱玲的《金锁记》。”也不确。一九四三年十一至十二月，《金锁记》连载于《杂志》月刊。至于梅娘自己，“一九四二年末”确为华北沦陷区的重要作家之一，所作《蚌》、《蟹》、《鱼》等均已面世，更早还在长春出版《小姐集》（一九三七年）和《第二代》（一九四〇年）两本集子。论家比较二人创作，讲过梅娘，再讲张爱玲，辄言“与此同时”，实际上并非如此。

第二，《宇宙风》杂志在“一九四二年末”不可能参与此项“读者调查”。该杂志社最初是在上海，一九三八年五月迁广州，一九三九年五月迁香港，一九四四年八月迁桂林，一九四五年六月又迁重庆。这不是沦陷区的杂志，不会去调查那里女作家受欢迎的情况。查该刊一九四二至一九四五年所出各期，均无此类内容。《宇宙风》迁穗后，上海“孤岛”倒是有份《宇宙风乙刊》，不过一九四一年底就停刊了。

《新文学史料》二〇〇〇年第一期所载范宇娟作《梅

娘著译年表》，说法略有不同。“一九四二年”项下云：“本年，北平马德增书店和上海宇宙风书店联合发起‘读者最喜爱的女作家’调查活动。梅娘和张爱玲分别当选。自此流传开‘南玲北梅’之说。”《梅娘近作及书简》附录刘洁《不同语境下的“南玲”与“北梅”》一文，亦取此说。如前所述，假如真有这一“调查活动”，也不可能发生在一九四二年。而且活动如何办法，亦语焉不详。须知当时南北交通并不便捷，譬如《传奇》一九四四年八月面世，十二月《苦竹》杂志发表沈启无《南来随笔》，尚且说：“张爱玲的文章，我读过的没有几篇，北京书摊上还没有《传奇》卖。”

虽然梅娘表示：“我不喜欢利用‘南玲北梅’这种商业意义的炒作来借张扬梅。”（《致刘洁信二通》）此说毕竟已属约定俗成，而且见载于《中国现代文学三十年》之类文学史中。但是到底因甚而起，出处何在，从事该项研究者理应考订一番。若真似《梅娘近作及书简》一书代序《评说梅娘》（Norman Smith 作）所说，曾“有一项民意调查”，那么应该载诸当年报刊；而且所涉及的时限并不长，不早于张爱玲登上文坛，不迟于抗战胜利。有关人士下点工夫就是了。

《我与张爱玲》一篇又云：“正是那年（按指一九四二年）的夏初，北京市有一个在中南海招待‘名人’的赏花游园会。有人说：张爱玲从上海来了。原本不打算游园的我，兴冲冲地赶了去，为的是一睹这位才女的风采。又是一次难以分说的遗憾：在众多的仕女之间，千寻万觅，找到了一位似乎是张的女士，那人穿着绛红配有大绿云头的清式半长上衣，长发垂肩，被男士们簇拥着，从太平花甜香的行列中走来，衣着色彩的眩目，衬得白花极其淡雅。因为在众人的簇拥之中，我不愿插足进去，因此未能搭话。”可以断定，那位“似乎是张的女士”并非张爱玲，因为一九四二年她根本未到北京。非但如此，此后张爱玲也没来过。只是两到八岁家住天津时，其间“北京也去过”（《私语》），但与这里所说显然无关。在他人转述此事的文章中，梅娘所说“似乎是张的女士”则径直写作“张爱玲”了。当年人物容或记错，后来学者应该明辨。

二〇〇五年十一月十日

“时代错迕则事必伪”

几年前我写过一篇小文《关于“南玲北梅”》，颇惹了些是非出来，用论家的话说就是“‘南玲北梅’说一度成为媒体小范围讨论的焦点”。有朋友问我怎么会对“南玲北梅”提出质疑，我说皆因倡此说者一口咬定那是一九四二年的事，而但凡同时对梅娘与张爱玲的创作生涯有点了解的，就知道此乃子虚乌有。假如把时间推迟一两年，我未必看得出其中的破绽。此即如梁启超在《中国历史研究法》中所说：“时代错迕则事必伪，此反证之最有力者也。”

我起初买过一本《南玲北梅——四十年代最受读者喜爱的女作家作品选》（刘小沁编），但并未当回事，觉得不过是坊间出书的噱头。后来看到《新文学史料》上登出《梅娘著译年表》（范宇娟作），一九四二年项下有云：“本年，北平马德增书店和上海宇宙风书店联合发起‘读者最喜爱的女作家’调查活动。梅娘和张爱玲分别当选。自此流传开‘南玲北梅’之说。”我也只是明白了研究者水平不可高估而已。

及至梅娘著《梅娘近作及书简》出版，《北梅说给南玲的话》一篇有云：“一九四二年末，北平的马德增书店和上海的宇宙风杂志联合筹办了一项读者调查‘谁是最受欢迎的女作家’。结果，张爱玲和我双双名列榜首，从此，就有了‘南玲北梅’之说。”既然“当事人”之一也这么说——或首先这么说——那么我就不可不稍予订正了。梅娘提到的那个时候，她自己的代表作《蚌》《蟹》《鱼》等均已面世，被推为北方沦陷区“最受欢迎的女作家”或许异议不大；但张爱玲至此公开发表的中文作品总共只有一篇，即一九四〇年八月《西风》第四十八期所载纪念征文《天才梦》，仅凭这区区一千五百字的文章，怎能算是南方沦陷区“最受欢迎的女作家”，梅娘与之“双双名列榜首”岂不掉价。论家说：“‘南玲北梅’一说受到质疑的潜在意识，是一些张爱玲研究者或者‘张迷’骨子里认为二者的创作存在明显的高下之别，梅娘根本不配与张爱玲并称。”其实我当时想的是，无论张爱玲以后文学成就如何，“一九四二年末”她还根本不配与梅娘并称。

前述《中国历史研究法》中列举了不少例证。其一是：“《商君书·徕民篇》有‘自魏襄以来’语，有‘长平之胜’语；魏襄死在商君死后四十二年，长平战役在商君死后七十八年，今谓商君能语及此二事，不问而知其伪也。”偶阅二〇一四年七月二日《中华读书报》，有一篇《两种人的友谊——记梅娘与赵树理》，与梁氏所言《商君书》事如出一辙，恰巧也是涉及“南玲北梅”的：

“那时大陆有一家不太重要的刊物发表过一篇《一个女作家的一生》的文章，是对梅娘的全面介绍。梅娘给我复印了一份。我又从其他渠道搜寻梅娘的材料。后来写了《‘南玲北梅’的‘梅’》的长文，在上海《文汇读书周报》发表。《文汇读书周报》是发行量很大的一种读书报纸，在读书人中影响比较大。此后，梅娘广为人知。据说，张爱玲看到我的文章后大为不满，质疑‘南玲北梅’说法的来历，似乎觉得把梅娘的名字跟她摆在一起，有损她的尊严和高大。她不想想，梅娘在成名之后遭遇到多么巨大的厄运，哪像她，一生都在写作，而且后来得到高人的评点和推崇。”

翻检《文汇读书周报》，《“南玲北梅”的“梅”》发表于一九九六年六月一日；而张爱玲一九九五年九月八日被发现死于所居洛杉矶公寓。因此可以肯定，“据说，张爱玲看到我的文章后大为不满”云云是讹传，而作者误信了。至于接下来“她不想想”一番议论，也就成了无稽之谈。

二〇一四年七月二十八日

[附记] 木心《飘零的隐士》（收入《同情中断录》）云：“我初次读到张爱玲的作品是她的散文，在一九四二年的上海，在几本杂志间，十五岁的读者快心的反应是：鲁迅之后感觉敏锐表呈精准的是她了。”又是“一九四二年”，与梅娘竟不谋而合。再说一遍，那年张爱玲只在 *The XXth Century* 上发表过几篇英文文章，中文作品则唯有此前的一篇《天才梦》，乃是杂志的征文之一。她的下一篇中文文章《到底是上海人》一九四三年八月才在《杂志》第十一卷第五期刊出。木心所云近乎“先见之明”。张爱玲虽然说“出名要趁早呀”，但没有那么早。其实此类“快心

的反应”，十五岁与十六或十七八岁乃至七十多岁发出并无太大区别。

二〇二〇年六月二日

《小团圆》原稿校读记

《小团圆》面世后，有读者问我编校时做过什么改动，书中文字为何与先出的皇冠版不尽相同。我回答说：我所依据的是张爱玲的手稿影印本，皇冠版系重要参考，却不曾全数照搬。《小团圆》乃《张爱玲全集》中的一册，第一卷头里印有“凡例”，这里同样适用；此书的编校，还有一些特殊之处。现略作解释，以就教高明。

“凡例”计五条，最后一条是：“本全集为简体字版，对文内提到的书籍和文章加了书名号，明显错字则予以订正。作者特殊的用字习惯，方言用法，以及人、地、物之旧时译名则未作改动。”

既为“简体字版”，于是变繁为简，无须缕述，但亦有例外，如“我是等着来攞命了”（手稿——以下所引均出于此——第七页)、“今天真是来攞命了！”(第六十六页),《辞海》：攞，同“捋”；捋有 luō、lǚ 二音。此处系广东方言，音 luō，故仍用“攞”，以免误为 lǚ 音。

至于“作者特殊的用字习惯、方言用法”，可列举很多，如“裤”作“袴”，“么”作“嚜”，“犯不着”作“不犯着”等，均未改动。其实张爱玲一向都是这般写法，如《小团圆》中一再写到“前溜海”，《私语》有云：“尤其注意同坐在一张沙发椅上的十六七岁的两姊妹，打着前溜海，……”又如“洋台”，《倾城之恋》有云：“洋台后面堂屋里，坐着六小姐，七小姐，八小姐，和三房四房的孩子们，……”说来将这些归为“作者特殊的用字习惯”亦未必恰当，往往倒是当时的通常用法。又如，“二蓝大褂袖口齐肘湾”(第十三页)，用“湾”代“弯”，我在整理周作人和废名的作品时都曾遇到，那里没改，这里也不改。再如“包得那么妈虎”(第二十八页)、“找的这事妈妈虎虎”(第五百二十九页)，“妈虎”尝见于民国小说，且北京口语向来有 māhū、mǎhū 两种说法，故不改。

“人、地、物之旧时译名”，如“毕尔斯莱”、“星加坡”、“塌塌米”等，皆一仍其旧。偶有例外：“北国凉爽的夏天，红玫瑰开着，威冶威斯等几个‘湖上诗人’的旧游之地，新出了留学生杀妻案。”（第三百五十九页）Wordsworth无“冶”音，疑误写“治”作“冶”，故改。

剩下的问题就是“明显错字”了，这里先讲自己的一个原则。从前编周作人作品，自许“能不改就不改”，只要有据——无论辞书还是先前的文学作品——可查，一律不作改动。现在还是这般做法。今年二月初，出版社转达皇冠方面之意，问我对张爱玲原稿中几个字的看法。我回信说：

“承示张爱玲手稿若干纸。所垂询的三个字：一，‘甚至于是同文跟他开玩笑’（第二百七十四页），‘文’应该是‘人’字的笔误。‘同人’又写作‘同仁’，即‘同事’。常见有人把‘人’误写作‘文’。二，‘把碧桃的钱也茹进去蚀掉了’（第二百一十四页），‘茹’（rú）应该是‘擩’（rǔ）字，这是方言，意近于‘放’、‘搁’、‘塞’。三，‘也是你跟他拉近户’（第一百二十七页），‘拉近户’，通常写作‘拉近乎’。末一处似可不改，因原为口语，有这音，字却是后定的。当然也可以改。第二处，也是先有音后有字，但因为不同音，最好改。第一处则是笔误，须改。”

待到我编校全书，也是依此办理。大致可分为原稿有误，需要订正和原稿无误，毋庸改动两类。前一类中，有些皇冠版已经改过，不赘述。另外还有几处，如：

“有一种含情默默的神气”（第四十页）、“但是同时又有她那种含情默默的微醺”（第二百六十八页），“默默”与“脉脉”意思不同，是常见的笔误，改。

“蕊秋叫女佣拿芘麻油来”（第一百三十一页），“芘”误，改“蓖”。

“还在地上痾了泡大屎”（第四百零八页），“痾”误，改“屙”。

后一类中，有些皇冠版改了的，而我未改，如：

“他递过收条来，又补了支铅笔，只剩小半截，面有德色，笑吟吟的像是说：‘今天要不是我——’”（第二十六页），《辞源》：德色，自以为有恩于人而形于颜色。不改“得色”。

“蕊秋在浴室里曼声叫‘楚娣啊’！”（第三十六页），《词源》：曼声，发声而引之延长；舒缓的长声。不改“漫声”。

“随便哪间房只要没人，就会撞见有人在里头——清天白日”（第三十七页），《儒林外史》第四十二回：“带着四个小厮，大清天白日，提着两对灯笼。”《儿女英雄传》缘起首回：“醒来！醒来！清天白日，却怎的这等酣睡？”不改“青天白日”。

“小林是个哑吧”（第一百二十三页），今多用“哑巴”，然亦有用“哑吧”者，不改。

“满面烟容，粉搽得发青灰色，还透出雀班来”（第一百三十九页）、“她们无论什么病都是团皱了报纸在罐子里烧，倒扣在赤裸的有雀班的肩背上”（第三百八十五页），《词源》：班，杂色，通“斑”。不改“雀斑”。

“衷气极足”（第一百五十四页），旧有“衷气”一词，不改“中气”。

“感情滂溥的声气”（第一百九十二页），古文偶见“滂溥”（pāng pǔ）用法，不改“滂礴”。

“到了一起总是唇枪舌剑，像绊嘴似的”（第二百二十二页），旧有“绊嘴”写法，不改“拌嘴”。

“多洗澡伤原气的”（第二百二十二页），中医有“原气”一说，不改“元气”。

“不是一天到晚掂斤播两看她将来有没有出息”（第二百二十八页），《词源》：掂斤播两，喻过分计较。不改

“掂斤拨两”。

“九莉的妈是自扳砖头自压脚”（第二百四十五页），汪仲贤《上海俗语图说》有“自扳砖头自压脚”一条，据书中解释，“扳”是与“推”相反的动作，所以这句话与“搬起石头砸自己的脚”还是有区别的；张爱玲《对照记》亦云：“我终于逃出来投奔我母亲。去后我家里笑她‘自扳砖头自压脚’，代背上了负担。”“扳”不改“搬”。

“她从楼窗口看见石库门天井里一角斜阳，一个豆付担子挑进来。里面出来了一个年青的职员，穿长袍，手里拿着个小秤，掀开豆付上盖的布，秤起豆付来”（第五百零三页），“豆腐”俗写作“豆付”，鲁迅《随便翻翻》有云：“譬如我们看一家的陈年账簿，每天写着‘豆付三文，青菜十文，鱼五十文，酱油一文’，……”不改“豆腐”。

另有一处，确实有误，却也没改：“但是圣经是伟大的作品，《旧约》是史诗，《新约》是传记小说，有些神来之笔如耶稣告诉犹大：‘你在鸡鸣前就要有三次不认我。’”（第三百八十八页）“犹大”当为“彼得”，然此非学术著作，不必代为改正。

编校尚有一项，即是一篇之内，同一个词用法统一，

《小团圆》亦是如此，如辩论之意，“辨”、“辩”统一为“辩”；凭借之意，“借”、“藉”统一为“藉”，等等。但亦有例外，手稿中“阑干”、“栏杆”并用，皇冠版统一为“阑干”，我却以为作者用意，自存差别。凡用“栏杆”者，如“有人倚着木柱坐在门口洋台栏杆上”（第六十一页）、“朱妈倚在楼梯栏杆上”（第二百四十八页）、“木栏杆的床不大”（第四百五十页），都是木制；凡用“阑干”者，如：“水泥阑干像倒塌了的石碑横卧在那里”（第一页）、“仍旧倒扣在床头铁阑干上”（第五页）、“亨利嬷嬷陪着在食堂外倚着铁阑干谈话”（第十八页）、“两旁乳黄水泥阑干”（第二十三页）、“林中露出一带瓶式白石阑干”（第五十页）、“花匠站在铁阑干外险陡的斜坡上”（第七十页）、“比比倚在铁阑干上”（第七十页）、“以前她和比比周末坐在马路边上铁阑干上谈天”（第一百零五页）、“小洋台狭窄得放张椅子都与铁阑干扞格”（第一百七十七页）、“铁阑干外一望无际”（第四百六十六页）、“在水泥阑干边站了一会”（第四百八十二页）、“在船阑干边狭窄的过道里遇见一行人”（第五百三十五页），都非木制，故仍其旧。唯有“后搭的一排小木屋，沿着一溜摇摇晃晃的楼廊，褪色的惨绿漆阑干东倒西歪，看着不寒而栗”（第二百二十九页）一处，仿佛例外，但未写明什么材料，是以不改。

张爱玲手稿中有两处，格式有些特殊：第九十页，“嗞润嗯嗯唔唔！”一行，字写得较他处明显大些，以示大声——“这次近了，地板都有震动”，我安排加大一号字体；第三百九十九页，毓恒给蕊秋的信中，三个“职”都偏右侧，合乎旧式公文中下属对上司的自称格式，我安排印成小一号字。

《小团圆》手稿第二十二页，“好了，我还要到别处去，想着顺便来看看你们宿舍。”皇冠版漏排“别”字，兹据原稿补齐。原稿复印件第一百零二页，“所以比较世不去冒这险做防空员”一句，“世”后似缺“故”，此字居一行之末，疑是写在纸边，没复印上。皇冠版无此字，并删去“世”字，我则给补上了。这回见到宋以朗先生，他说着人核对原稿，果然复印有所遗漏，那个字与我所补恰好一致。另外第一百八十一页，“两人约定双服毒情死”一句，似应是“双双”，疑为作者笔误，我不揣冒昧代补了这个字。

二〇〇九年四月二十一日

［附记］后来读当年《海报》所载秋翁即平襟亚文章，发现不止一次使用“同文”一词，如“同文间如凤三，刘郎，秋水诸兄”、“还祈诸同文鉴我之诚”（《柬诸同文——为某女作家专事》，一九四四年八月二十七日），“我敬爱的诸同文”、“诸同文若再提她”（《最后的义务宣传》，一九四四年九月十二日），乃知“同文”一词不错，是我孤陋寡闻。待下次《小团圆》加印，要将它改回来。

二〇二〇年五月一日

#《重访边城》原稿校读记

宋以朗《发掘〈重返边城〉的经过》云："《重访边城》的原稿有些混乱，可能因为还是初稿，未经修饰，不宜出版。我不是文学专家，所以我交给皇冠编辑，因为他们跟张爱玲合作四十多年，一定清楚'祖师奶奶'的标准。基于文学价值与历史价值，他们对出版的态度是肯定的。"张爱玲著《重访边城》二〇〇八年九月由皇冠文化出版有限公司出版，卷首"编辑说明"有云："《重访边城》的手稿由于年代久远，部分字迹已模糊难辨，书中将以空格代替。"

我查自己的日记，二〇〇八年九月七日，"校张爱玲《重访边城》一文。"系为出大陆简体字版，以皇冠版为底本，参校张爱玲手稿复印件。手稿计三十四页，确如宋以朗所说“非常混乱”，尤以末尾部分为甚。皇冠编辑已理出前后次序，惟空格稍多，读之不便。经仔细辨认，终于补齐了。此外脱字、错简，亦予订正。

皇冠版第四十三页：“这样□□，自然见闻很少。”二字为“谋犹”。《诗经·小雅·小旻》：“我视谋犹，伊于胡底。”

第四十六页：“在饭店门口作别，不往天星码头走，需要□□。”二字为“解释”。

第四十七页：“黄昏的时候看书就得夜盲症，那是个禁忌的时辰，仿佛全凭□想，不科学。”该字为“联”。

同页：“不过一向没注意，这下子好了——正赶着这时候壮着胆子不去想香港那些太多的路劫的故事，索性瞎了眼乱闯，给捅一刀也是自讨的。”“这下子好了”当作“这下子好！”

第四十八页：“要防街边更深的暗影中窜出人来，因此在街心只听见石板路□□□的脚步声。”所缺为“渐渐”二字。

同页，“古老的街道没有骑楼，□直，平均地往上斜，相当阔，但是在黑暗中可宽可窄，一条黑胡同。”该字为

"毕"。通作"笔直",但张爱玲习惯写"毕直",如《郁金香》:"荣妈是个大家风范的女仆,高个子,腰板挺得毕直,因为是旗人;一张忠心耿耿的长脸,像个棕色的马。"《小团圆》第三章:"她常说'年青的女孩子用不着打扮,头发不用烫,梳的时候总往里卷,不那么毕直的就行了。'"第五章:"夜间她在浴室灯下看见抽水马桶里的男胎.在她惊恐的眼睛里足有十吋长,毕直的欹立在白磁壁上与水中,肌肉上抹上一层淡淡的血水,成为新刨的木头的淡橙色。"第六章:"一进园门,苍黄的草地起伏展开在面前,九莉大叫一声,狂奔起来,毕直跑,把广原一切切成两半。"第十二章:"九莉见过这范妮一次,是个中国女孩子,两只毕直的细眼睛一字排开,方脸,毕直的瘦瘦的身材。"

类似的作者习惯用法,《重访边城》中还有几处,如第十五页,"往往路边的两层楼店面房子太猥琐","猥琐"原作"萎琐";第二十页注释,"不屑地撇着嘴","撇着嘴"原作"披着嘴",——此词亦见《小团圆》:"披着嘴一笑,看扁了他。"第五十六页,"它自有它完整的亘古的存在","亘古"原作"恒古"。

第四十九页:"但是那故乡气的市集,现在的香港哪还会有？”“那故乡气”当作“那样乡气”。

第五十页：“□区与中环没有婴儿，所以一时想不到。”该字为“校”。

第五十一页：“在清初‘十三行’时代——十三个洋行限设在一个小岛上，只准许广州商人到岛上交易——是唯一接近外国的都市，至今还有炸火腿三明治这一味粤菜为证。”按，句首脱“广州”二字。原稿中作者将二字删去，又标一小三角，是恢复之意。

第五十二页：“‘老李婆的扎脚裤尿臊臭，’我姑姑也□□这笑话。”此处实为“听见过”三字。

第五十三至五十四页下列文字情况较为复杂，兹据原稿补足脱文，调整错简，并以黑体字表示，加方括号者则应删去：

“唐宋的人物画上常有穿花衣服的，大都是简化的团花，可能并不忠实复制原来的图案。衣服几乎永远是淡赭色或是淡青，石青，石绿。[当然，这不是说这些冲淡的色调不是适应国画的风格。] **出名的‘青衣’‘乌衣’**从来没有。是否是有一种不成文法的自我约束？

“中国固有的丝绸棉布都褪色，所以绝大多数的人在绝大多数的时候都是穿褪色的衣服，正如韩国的传统服装是白色，因为多山的半岛物产不丰，出不起染料钱。中国古画中人物限穿淡赭，石青，石绿，淡青，原来是写实的，不过是褪了色的大红大绿深青翠蓝。中国人最珍爱的颜色。‘青出于蓝而胜于蓝’，‘红男绿女’——并不是官员才穿大红袍的。后人作画墨守成规，于是画中人穿那种冲淡的颜色。**当然，这不是说这些冲淡的色调不是适应国画的风格**。”

第五十四页：“倒不是绘画的影响，而是满清入关，满人不是爱红的民族，清宫的建筑与室内装修的色调都趋向苍□，上行下效，一方面物极必反，汉人本来也已穿厌了‘鲜衣’。”该字为“淡”。

第五十五页：“此外大红大绿只存在于婚礼中，而婚礼向来是古代习俗的废纸篓，‘儿女□□□’中安志节的考据，也都是当时已经失传的□节了。”“儿女”后原为“○○○”，是“英雄传”的省笔，“安志节”应为“安老爷”；末句中的缺字，则是“仪”。

第五十七页以下文字，也有脱字与错简，兹据原稿补足、调整，分段亦依原稿：

“是什么时候绝迹于中原与大江南北，已经不可考了。港战后被我带回上海，**陆续**做了衣服穿，一般人除了觉得怪，并不注意，只有偶而个把小贩看了似曾相识，凝视片刻，若有所悟，脸上浮出轻微的嘲笑。大概在乡下见过类似的破布条子。[当然没穿多久就黯败褪色了。像抓住了古人的衣角，只一会工夫，就又消失了。]

“共产党来了以后，我领到两块配给布。一件湖色的，粗硬厚重得像土布，我做了件唐装喇叭袖短衫，另一件做了条雪青洋纱袴子。那是我最后一次对从前的人牵衣不舍。**当然没穿多久就黯败褪色了。像抓住了古人的衣角，只一会工夫，就又消失了**。”

第五十八页：“宁可冒身体发肤的危险去躲它，倒偏偏狭路相逢，而且是在这黑暗死寂的空街上，等于一同封死在铁桶里，再钟爱的猫也会撕裂你的脸，抓瞎你的眼睛。”句首衍“宁”字。

第五十九页：“货比三家不吃亏，我这家走到那家，柜台后少年老成的青年店员穿着少见的长袍——不知道是否为了招徕游客——袖着手笑嘻嘻的，在他们这不设防城市里，好像还是北宋的太平盛世。”“货比三家”应为“货买三家”。

第五十九至六十页以下文字，又有脱字错简，仍据原稿补足、调整：

“我买了两只小福字颈饰，串在细金炼条上。归途还是在黑暗中，不知道怎么仿佛安全了点。其实他们那不设防城市的默契——如果有的话——也不会延展到百步外。刚才来的时候没遇见，还是随时可以冒出个人影来。但是到底稍微放心了点，而且眼睛比较习惯了黑暗。这才看到拦街有一道木栅门，不过大敞着，只见两旁靠边丈来高的卅字架。大概门虽设而长开。传说贾宝玉沦为看街兵，不就是打更看守街门？更鼓宵禁的时代的遗迹，怎么鹿港以外竟还有？**当然，也许是古制，不是古迹。但是怎么会保留到现在，尤其是这全岛大拆建的时候？香港就是这样，没准**。从前买布的时候怎么没看见？那就还是不是这条街，真想不到，临走还有这新发现。

“［当然，也许是古□，不是古迹。但是怎么会保留到现在，尤其是这全岛大拆建的时候？香港就是这样，没准。］忽然空中飘来一缕屎臭，在黑暗中特别浓烈。不是倒马桶，没有刷马桶的声音。晚上也不是倒马桶的时候。

也不是有人在街上大便，露天较空旷，不会这样热呼呼的。那难道是店面楼上住家的一掀开马桶盖，就有这么臭？[而且] **是真**还是马可孛罗的世界，色香味俱全。我觉得是香港的临去秋波，带点安抚的意味，[若] **看**在我忆旧的份上。在黑暗中我的嘴唇 [旁] **牵**动着微笑起来，但是 [我] 毕竟笑不出来，因为疑心**我**是跟 [它] **香港**诀别了。”

二〇一〇年二月二十日